¿Y AHORA QUÉ HAGO? él

Editor
Landucci

Coordinación Editorial
Sandro Landucci Lerdo de Tejada

Corrección de estilo
Patricia Rubio Ornelas

Diseño
Pamela Postigo Uribe

Preprensa
Arturo Chapa

D.R. © Landucci Editores, S.A. de C.V.
Colima 233, Colonia Roma
Delegación Cuauhtémoc, C.P. 06700, México, D.F.
Teléfono: 5514 2323. Fax: 5514 1424
landucci@attglobal.net
ISBN 968-5059-82-4

¿Y AHORA QUÉ HAGO? él

Fotografía
Arturo Chapa

Textos
Fernando Capetillo

Recetas
Xavier Vallvé

LANDUCCI

PRESENTACIÓN

Pepsi-Cola Mexicana tiene el placer de presentar en esta ocasión una publicación muy original que plantea desde el arte culinario, distintas formas de disfrutar de lo cotidiano, dinámico y divertido de la vida moderna.

El lector de *¿Y ahora qué hago?* podrá descubrir página a página los contenidos de las más creativas recetas que despertarán todos sus sentidos al poner manos a la obra. Este libro es además una obra agradable a la vista que no puede faltar en su casa.

Con *¿Y ahora qué hago?* todos podrán vivir la experiencia de la cocina con un enfoque distinto ya que es ideal para hacer de los momentos más sencillos o simples algo divertido y práctico, ya sea en pareja, entre amigos, con la familia y hasta uno mismo.

Un menú en cada capítulo describe los diversos espacios de la vida que merecen celebrarse de una forma especial, poniéndole un poco de humor: "Lunes, otra vez dieta"; "Fin de semana sin periférico", son algunos ejemplos de lo que se puede hacer para darle otro sabor a lo cotidiano.

Pepsi-Cola Mexicana, siempre presente en la mesa de los mexicanos y buscando ir al ritmo de la vida actual, participa con sus clientes y amigos del muy humano gusto de convivir y disfrutar de una muy buena y peculiar cocina.

ING. ÓSCAR F. CÁZARES ELÍAS
PRESIDENTE Y DIRECTOR GENERAL
PEPSI-COLA MEXICANA, S. A. DE C. V.

desayunos

comidas

cenas

CRUDA…16
Croissant con huevo, jamón y tocino
Jugo de naranja con jerez
Vodka con jugo de naraja
Aspirinas
Caldo de camarón
Licuado bomba de plátano
Birria

MATAPASIONES…22
ELLA
Sandwich de jamón de york con queso
Molletes salados y dulces
Batido de frutas exóticas con yogurt
Coctel de frutas
ÉL
Huevos revueltos reanimantes
Tostadas con mermelada natural

NO TE VAYAS PORFA NO TE VAYAS…28
Té de frutas natural
Bagel con queso crema y salmón ahumado
Huevo poche amoroso
Huevos de codorniz con puntas de espárragos
    blancos y mousselina de lichy
Carpaccio de marlin con salsa de naraja amarga
Bellini
Crepas de flor de calabaza, hongo portobello
    y gruyere

FIN DE SEMANA SIN PERIFÉRICO…36
Huevos rancheros estilo Liborio
Tacos de cecina con flor de calabaza
Guacamole
Chicharrón en salsa o salpicón de chicharrón
Quesadillas de flor de jamaica

HOY ME PONGO A DIETA…42
Tacos de lechuga con atún en agua
Omelette de claras de huevo con verduritas
Barrita energética a las 12 del día
Nuggets de soya
Salpicón de pollo cocido

desayunos

comidas

Calamares en su tinta

Taquitos dorados
Hamburguesa picante *home made*
Pizza con todo el refri

Ensalada templada de *foie gras*
Pámpano en salsa verde con almejas

Mojito
Mil hojas de patatas con carpaccio de atún y chile guajillo
Soufflé de chocolate
Magret de pato con salsa de arándanos

Lágrima de *mousse* de chocolate con cerezas
Ensalada de queso de cabra con salsa de uvas
Brocheta de atún con jitomate y salsa de duraznos
Chuletitas de cordero con habitas a la menta

Black martini
Huachinango a la sal
Timbal de sardinas marinadas con pimientos asados

cenas

desayunos

cruda

Es el peor de todos los desayunos, ya que la masacre de neuronas de la noche anterior estuvo severa (pero cómo te divertiste). El caso es que no estás al cien por ciento. La primera frase que te llega a la mente es: "¡Otra vez amanecí crudo!" Y enseguida: "¡Ya no tomo más!!!!!".

Una vez que tu cerebro coordina, que lo que está sonando es el despertador (y no la alarma del Citybank de Nueva York), lo que indica que tienes que pararte de la cama, la hazaña inicial es encontrar las aspirinas.

Mientras estás en la exaustiva búsqueda te pegas con el zapato que se quedó ayer mal colocado y —Ahaaaaay! Tremendo dolor en el dedo pequeño del pie. Te repones y, por fin, alcanzas las milagrosas pastillas, te las tomas esperando un alivio inmediato, y repites: "¡Caray!, que ya no tomo más!!!

Ahora la gran pregunta es ¿qué desayuno hoy?... ¡Qué flojera! Después del regaderazo las cosas empiezan a cambiar hacia lo positivo (o eso es lo que crees. De milagro te salio decente el nudo de la corbata; te miras en el espejo, y te dices hacia adentro: "¡Bueno! No estamos tan mal, chamaco...".

Te diríges a la cocina por un jugüito de naranja. Estás tan desesperado por algo frío y liquido que te lo chorreas todo en la camisa, —qué flojera!!!. Otra vez a cambiarse. Cuando estás por fin listo, suena tu celular. Del otro lado oyes una voz en bajito que dice "—pélale!! Ya va a empezar la junta", por lo que tomas la decisión de que lo mejor es un desayuno en el coche.

Croissant con Huevo, Jamón y Tocino

ingredientes

1 croissant (cuerno) grande
1 huevo
1 cucharadita de mantequilla
3 rebanadas de tocino
1 rebanada de jamón York
1 cucharadita de mostaza de Dijon
sal y pimienta

modo de prepararse

Partir el pan por la mitad, horizontalmente, y tostarlo.

Batir el huevo en un bol y salpimentarlo.

En una sartén al fuego, fundir la mantequilla, agregar el huevo y cocinarlo al gusto.

En otra sartén, freír las rebanadas de tocino hasta que doren bien.

Colocar, en medio de las dos capas de pan, la rebanada de jamón, encima el tocino y luego el huevo y la cucharadita de mostaza.

Aspirinas

Bebidas Milagrosas

Jugo de Naranja con Jerez

Vodka con Jugo de Naranja

modo de prepararse

Mezclar en la licuadora seis partes de jugo por cuatro de vodka o jerez. Dejar enfriar un rato mientras se toma un baño. (Muchos famosos acostumbran estas bebidas por la mañana).

Caldo de Camarón

ingredientes

100 gramos de camarón seco
10 papitas de Cambray
2 zanahorias, en cuadritos
chile serrano, al gusto
2 hojas de laurel
pimentón en molido, al gusto
sal y pimienta

modo de prepararse

Limpiar el camarón y enjuagar bien para quitarle lo salado.
En una olla con siete tazas de agua, hervir el camarón con las papas durante
10 minutos, agregar las zanahorias, el chile y las hojas de laurel.
Cuando las verduras estén tiernas, sazonar con pimentón, sal y pimienta, al gusto.

Licuado Bomba de Plátano

Licuar todos los ingredientes y servir.

modo de prepararse

Licuar todos los ingredientes y servir.

ingredientes

1 plátano
1/2 taza de leche
1 huevo
1 cucharadita de azúcar
2 cucharadas de jerez (opcional)

Birria

ingredientes

1 kilo de costillas de carnero, en trozos
6 dientes de ajo
1 cebolla
3 hojas de laurel
1 pizca de comino molido
chiles guajillos asados y desvenados, al gusto
sal y pimienta

modo de prepararse

Cocer, en suficiente agua para cubrirla, la carne con los dientes de ajo y la cebolla.
Remojar los chiles en agua caliente y licuarlos con el agua de remojo.
Colar y añadir esta salsa a la olla donde se cuece la carne; luego agregar las hojas de laurel, la pizca de comino, sal y pimienta.
Dejar cocer todo hasta que la carne esté suave.

Déjame ponerte esta situación con la mayor delicadeza posible: este es el resultado de cuando, una noche de fiesta con tus amigos te ligas con una chava como a las tres de la madrugada, en un antro de mala muerte con unas cuantas copas de más en tu cuerpo.

En ese momento grandioso, tu sentido del ridículo y de la vergüenza ya no forma parte de tu ser. ¿¡Si te ha pasado!, no?

Se preparan para irse a tu depa (previa aprobación de tus cuates que se la comen con los ojos y te dicen: "¡Está buenísima!!!". Llegan a tu depa y la pasión está a todo lo que da. Te sientes bien: "He ligado (piensas)... pero con mucha facilidad". Y te preguntas fascinado: "¿Qué tengo yo que las fascina? Dime, espejito, ¿qué tengo?". Resulta que te acuerdas de que no eres Richard Gere, y si, efectivamente no lo eres, pero con varios *drinks* arriba y todo el tiempo a media luz,..... cualquier cosa puede suceder.

Cuando te levantas al día siguiente te das cuenta de que no, la facilidad que tuviste al ligar es porque no es demasiado agraciada la nena.

Tu primera reacción es de: "¡qué hice!!", porque sabes perfectamente que tus ami-guitos ¡te van a destruir!!! Quizá ya te estuvieron bacilando anoche.

De pronto ella te dice: "¿Hay que desayunar, no?

Se te eriza la piel pero no te queda de otra mas que decir: "¡Ahhh….. ok!".

Claro, tienes que darle algo de desayunar.

Los minutos más eternos son cuando te pregunta: "¿Me puedo dar un regaderazo?".

"¡Sí, claro!!", temiendo que te pida que le jabones la espalda.

Desde la ducha te grita, alegre: "¿Qué desayunamos?".

Y lo único que se te ocurre es preguntarle: "¿Quieres que te prepare unos huevitos estilo mi tía Rita?".

— ¿Tu tía Rita? Quién demonios es tu tía Rita. ¿Así le dices a tu novia? Es más, ni la quiero conocer. ¡No, gracias, no quiero esos huevos!!!

— Tampoco yo como huevo por la mañana, pero te preparo un tentempié ya que tengo que irme a la oficina en fa!!

No se ha terminado de secar con la toalla cuando ya le pusiste su tentempié en su bolsa y le dices vuélale, porque ya tienes el taxi esperándote.

Bueno ya sorteaste el problema mayor, pero sabes perfectamente que tus amigos te están esperando en la oficina; ponte buso, porque si no serás presa de las fieras, la burla mínimo durante una semana.

matapasiones

Sandwich de Jamón de York con Queso

ingredientes

2 rebanadas de pan de caja
1/4 de aguacate, en cuadritos
2 rebanadas de jamón York
2 rebanadas de queso tipo manchego
1 cucharadita de mayonesa

modo de prepararse

Untar la mayonesa en el pan de caja y, sobre ésta, poner el aguacate en cuadritos.
En seguida, intercalar capas de rebanadas de jamón y de queso.

Molletes Salados y Dulces

SALADOS

ingredientes

1/2 bolillo
2 cucharadas de frijoles refritos
20 gramos de chorizo
2 rebanadas de queso tipo manchego

modo de prepararse

Cortar el chorizo en trocitos pequeños y freírlo en una sartén sin aceite, ya que éste soltará mucha grasa. Untar los frijoles refritos en el medio bolillo, poner el chorizo encima y luego el queso. Gratinar en el horno.

DULCES

ingredientes

1/2 bolillo
1 bolita de mantequilla
1 cucharadita de azúcar
2 cucharaditas de miel
2 hojas de menta

modo de prepararse

Calentar en una sartén la mantequilla, el azúcar y las hojas de menta hasta que se incorporen los sabores; añadir la miel y dejar un minuto cocinándose. Sacar las hojas de menta y dejar enfriar por unos cinco minutos. Untar el pan tostado con esta mezcla.

Batido de Frutas Exóticas
con Yogurt

ingredientes

2 yogurt naturales
1 plátano
1/2 naranja
4 fresas
2 hojas de hierbabuena

modo de prepararse

Mezclar todos los ingredientes
en la licuadora.
Enfriar en el refri durante una
hora y servir.

Coctel de Frutas

ingredientes

1/2 mango
1/2 papaya
1/2 guayaba
1/4 de piña

Para la salsa
1/2 naranja (el jugo)
1/2 litro de crema *light*
2 hojas de menta
2 cucharadas de miel
5 gramos de tapioca

modo de prepararse

Trocear todas las frutas en cuadros más
o menos iguales. Colocarlas en un bol.
Cubrir las frutas con la salsa y espolvorear
con la tapioca.

Para la salsa: Batir bien el jugo de naranja,
la crema *light*, las hojas de menta y la miel.

Huevos Revueltos Reanimantes

ingredientes

1 cucharada de aceite de girasol
1/4 de cebolla, finamente picada
2 huevos
1 cucharadita de chipotle
2 rebanadas de jamón York, finamente picadas
2 rebanadas de queso tipo manchego, finamente picado
sal y pimienta

modo de prepararse

Calentar el aceite de girasol en una sartén; añadir la cebolla y dejar que se dore.
En un bol, batir los huevos y agregar el queso y el jamón. Salpimentar al gusto.
Vaciar la mezcla en la sartén y remover hasta que se cocine bien.
En el plato, colocar una puntita de adobo de chile chipotle.

Tostadas con Mermelada Natural

ingredientes

2 rebanadas de pan de caja multigrano, tostado
10 gramos de mantequilla con sal
15 gramos de mermelada al gusto

modo de prepararse

Untar las rebanadas de pan tostado con mantequilla y luego con mermelada.

Sábado por la mañana, después de pasar toda la noche en tu depa con Alejandra. Trabajito que te costo más que terminar la universidad.

Y piensa: "¡Caray!!! Ésta sí no quiero que se vaya: ¡no te vayas, porfa, no te vayas!!!". Quieres desayunar, comer, cenar, ir al cine, caminar y hacer cualquier cosa con ella, y más que nada que pase al menos otra noche en tu depa (ésta sí que te pegó duro).

Pero el primer paso es el desayuno. Tiene que ser como el de las películas de Hollywood en los años cincuenta. De esos en que te despiertas y saltas de la cama peinado y maquillado, a salvo de todo dragonazo mañanero, y se puede hablar a la cara, darse un beso. Uno perfecto, ya lo dije.

Alejandra abre un ojo y, con una sonrisa angelical que se esboza en su rostro terso, te dice:

—Buenos días. ¡Ummmmm! Huele a café, que rico...

Es un logro, sigue así y... puede ser que tu sueño funcione y ella termine trayendo su cepillo y su pasta dental, las señales inconfundibles de que alguien se está instalando en tu vida.

Suerte, enamorado...

no te vayas porfa
no te vayas

Té de Frutas Natural

ingredientes

1 bolsita (o 1 cucharadita) de té de frutas deshidratadas
fruta natural (similar a la seca)
1 hoja de menta

modo de prepararse

Hacer una infusión poniendo a calentar agua; cuando hierva, agregar el té de frutas deshidratadas. Retirar de la lumbre y dejar reposar.
Aparte, hacer un licuado con las frutas naturales y la hoja de menta. Mezclar esta pulpa con la infusión.

Bagel con Queso Crema
y Salmón Ahumado

ingredientes

1 bagel
15 gramos de queso crema
chile chipotle (o mostaza), al gusto
2 rebanadas de salmón ahumado noruego
aceite de oliva aromatizado con tomillo u orégano

modo de prepararse

Tostar el bagel y untarlo con el queso crema.
Añadir un poco de chile chipotle o mostaza)
para reforzar el gusto.
Colocar el salmón encima con un chorrito de
aceite de oliva con tomillo u orégano para
que tenga un toque más aromático.

Huevo Poche Amoroso

ingredientes

1 rebanada de pan de caja
1 tazón de agua
1 cucharada de vinagre blanco
1 huevo
1/4 de mango
1 cucharadita de adobo de chile chipotle
perejil fresco (opcional)

modo de prepararse

Retirar la costra de la rebanada del pan de caja; cortar por la mitad a lo largo y tostar.

Calentar el agua y el vinagre en una sartén; añadir el huevo y cocer unos tres minutos, con cuidado de que el agua no hierva.

Triturar el mango con el chile chipotle en la licuadora.

Colocar en un plato el pan tostado, encima de éste el huevo y hacer una línea con la salsa de mango. Puede decorarse con un poco de perejil fresco.

Huevos de Codorniz con Puntas de Esparragos Blancos y Mousselina de Lichy

modo de prepararse

En una sartén, calentar el agua con el vinagre; añadir los huevos de codorniz y cocinar sin dejar que el líquido hierva. En otra sartén, freír los espárragos en aceite de oliva hasta que queden doraditos.

Para servir, colocar en un plato los espárragos y encima los huevos de codorniz, cubiertos con la salsa de lichy. Gratinar el platillo en el horno.

Para preparar la salsa: Batir la clara hasta que esponje y, ya montada, incorporar con cuidado los lichys triturados.

ingredientes

1 taza de agua
vinagre blanco
2 huevos de codorniz
aceite de oliva
4 espárragos blancos

Para la salsa
1 clara de huevo
2 lichys triturados
sal y pimienta

Carpaccio de Marlin con Salsa de Naranja Amarga

ingredientes

1 filete de marlin de 60 gramos, limpio y congelado
3 naranjas (el jugo)
vinagre balsámico de Módena, al gusto
sal y pimienta

modo de prepararse

Sacar rebanadas muy finas del pescado (congelado es como mejor se deja cortar). Distribuirlas en un plato. Salpimentar los filetitos y dejar reposar hasta que tomen temperatura ambiente.

Aparte, en una sartén, calentar a fuego medio el jugo de las tres naranjas hasta que se reduzca a una tercera parte: añadir un chorrito de vinagre y sazonar con sal y pimienta.

Para servir, cubrir el pescado con esta salsa semiespesa.

Bellini

Es una delicia despertar por la mañana
junto a una hermosa mujer. El momento es
aún más placentero si se bebe un bellini.

modo de prepararse

Llenar una copa con champaña hasta la mitad y completar con jugo de naranja natural.

Crepas de Flor de Calabaza, Hongo Portobello y Gruyere

ingredientes

2 discos para preparar crepas (comprar en paquete en el súper)
mantequilla

Para el relleno
aceite de oliva
1/4 de cebolla picada
1 hongo portobello grande, picado
6 flores de calabaza, picadas
10 gramos de queso gruyere, rallado
1 cucharada de crema
sal y pimienta

modo de prepararse

Calentar las crepas por ambos lados en una sartén con un poco de mantequilla.
Incorporar el relleno.

Para preparar el relleno: En una sartén, sofreír en aceite de oliva la cebolla hasta
que quede blanda; agregar el hongo portobello y las flores de calabaza.
Cuando todo esté bien cocido, añadir el queso y la crema, y salpimentar. Cocer
tres minutos más y retirar de la lumbre.

Esto es genial!!!!!!!!!

No tienes ningún horario, el desayuno puede ser hasta las tres de la tarde, prendes tu celular sólo para planear el reventón de la noche, no hay nadie que te moleste. El sol esta de (tezcatli...poca)... y la naturaleza que te rodea te hace sentir como en el paraíso, después de una ardua semana de trabajo, donde dejaste cerrados y bien abrochados todos tus pendientes.

Cuando te despiertas, por segunda vez después de dormir un par de horas más que lo acostumbrado, ya que ahora sí se puede, te ves en el espejo y tienes la marca feliz de la almohada en la cara (señal que descansaste).

Escuchas de fondo a Juan y Luis, que ya despertaron y están platicando de lo relajante que es este tipo de fin de semana de flojera, aún se acuerdan de tu ligue de la otra noche, y no pierden la oportunidad para proponer que les hagas unos blanquillos estilo "tía Rita".

¡Ja, ja, já!, que chistositos. Les cuento que la tal tía Rita nunca existió, sino que era una muchacha oaxaqueña de ojos negros como dos puñales, que trabajaba en la casa y de la que tengo un ramillete de imperecederos recuerdos...

Y te unes a ellos con esa flojerita mañanera, taza de café en mano:

— ¡Buenos días!,

— ¡Buenos dias dormilón!

Hay un silencio retador, y luego:

— ¿Qué desayunamos hoy? ¿O nos vas a matar de hambre?

Te preguntan casi al unísono, pero con toda la calma del mundo, con voz grave de león del zoológico, como si las cosas fueran a unas cuantas revoluciones menos de lo normal.

— Ahora vemos. Oigan, ¡falta toño!!!

En ese momento el muy glotón viene bajando las escaleras de la habitación dando los buenos días a todos, cual estrella de Hollywood llegando al Festival de Cannes, mientras termina de tragarse una bolsa de papitas con chile (de la semana pasada). Y con su cara sonriente y de cachetes colorados, panza de fuera, rozagante, pregunta:

— ¿Y qué, cuándo se desayuna en esta casa?

fin de semana sin periférico

Huevos Rancheros Estilo Liborio

ingredientes

tortillas
2 huevos
aceite vegetal

Para la salsa
2 chiles verdes
1 jitomate bola
1/4 de cebolla
1/2 diente de ajo

modo de prepararse

Calentar en un comal las tortillas hasta que se ablanden y colocarlas en un plato. En una sartén, freír los huevos; ponerlos luego sobre las tortillas calientes y bañarlos con la salsa.

Para preparar la salsa: Licuar el chile, el jitomate, la cebolla y el ajo. Sofreír la mezcla en una sartén con aceite hasta obtener la consistencia deseada.

Tacos de Cecina con Flor de Calabaza

ingredientes

200 gramos de cecina natural (de Toluca)
4 flores de calabaza
tortillas
1 lata chica de puré de manzana
pimienta
crema agria
guacamole (opcional)
1/2 limón (el jugo)

Para la salsa
aceite vegetal
1/4 de cebolla, finamente picada
jitomate al gusto, finamente picado
chile serrano al gusto, picado
unas ramitas de cilantro, picadas
jugo de limón, al gusto

modo de prepararse

Cocinar la cecina en una sartén y retirarla; allí mismo, saltear las flores de calabaza hasta que se cuezan bien.
Para servir, poner en una tortilla la cecina, la salsa y las flores de calabaza; agregar el puré de manzana sazonado con pimienta, un chorrito de crema agria y unas gotas de limón. Se puede servir con guacamole

Para preparar la salsa: En una sartén con aceite, rehogar la cebolla y el jitomate; cuando estén bien sofritos, añadir el chile y el cilantro.

Guacamole

ingredientes

2 aguacates
1/4 de cebolla
2 chiles serranos
1 jitomate guaje
cilantro al gusto
sal

modo de prepararse

Picar todos los ingredientes, mezclar en un bol y salar.
También puede prepararse en la licuadora.

Chicharrón en Salsa
o Salpicón de Chicharrón

ingredientes

3 tomates verdes
3 chiles serranos
1/4 de cebolla
2 dientes de ajo
sal
chicharrón de cerdo

modo de prepararse

Cocer los chiles y los tomates hasta que estos últimos adquieran una tonalidad amarillenta.

Licuar los tomates y los chiles escurridos con la cebolla y los dientes de ajo crudos, salar al gusto (recuerde que el chicharrón aporta sal al guiso).

Verter en una olla la salsa licuada y agregar el chicharrón troceado. Cocer más o menos durante 20 minutos o hasta que el chicharrón se ablande.

Quesadillas de Flor de Jamaica

ingredientes

aceite de oliva
1/4 de cebolla, finamente picada
6 flores de jamaica
queso tipo manchego, rallado
tortillas (de maíz o de harina)
crema agria (opcional)

modo de prepararse

En una sartén con aceite de oliva, sofreír la cebolla, añadir las flores de jamaica, incorporar el queso manchego y dejar que se funda.

Rellenar las tortillas con esta preparación y calentar por los dos lados.

Pueden servirse cubiertas con crema agria.

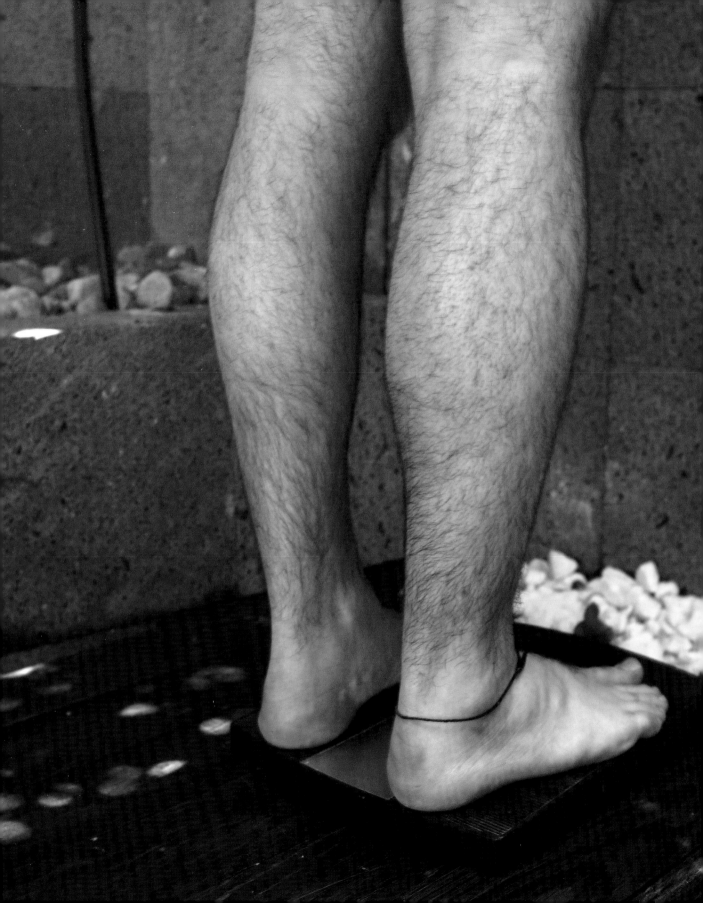

Te levantas por la mañana, te subes a la báscula, (que sale sobrando ya que una pasadita por el espejo de cuerpo completo te remite a la realidad de que estas hecho ¡un cerdo!!).

Se mueve la aguja... y no para donde debe de parar. Y te dices a ti mismo: ¡¡en verdad soy un cerdo!!.... Subí dos kilos más.

Escena típica de un lunes, ya que el fin de semana abusaste tanto del alcohol como de la comida, y si ese lunes no te armas de valor y tomas la decisión de ponerte a dieta, te va a dar flojera y te aseguro que lo dejarás para la próxima semana. Ya te lo advirtió la Micaela: "Si sigues inflándote vas a volar...", y te quedaste pensando en los varios significados de la palabra "volar".

Te bajas de la báscula, te agarras la llantita y te dices: ¡No fastidies….!!!! Tengo que... Siempre tengo, tengo, tengo... que hacer algo. That is the question. Esto, aunado a la actitud de tu ex novia Adriana, que como se quedó un poco resentida cuando terminaron, anda comentando que tu tripa es como dormir en una cama de agua... (la muy ingrata que se fue con ese atleta canadiense que la saludaba tan atento mientras me la estaba quitando...) Yo le miraba el abdomen y pensaba: "Ésa es su tabla de fregar".

Te precipitas a tomar la decisión (aunque sea por puro orgullo), tengo que... PONERME A DIETA.

Gran revelación de los dioses mexicas, ¡ponerse a dieta...!

Apúrate y aplícate ¡ya que quitarse ese sobrante está cada vez más difícil!!!!...

hoy me pongo a dieta

Tacos de Lechuga con Atún en Agua

ingredientes

2 hojas de lechuga

Para el relleno
1 lata chica de atún en agua
1 cucharada de mayonesa *light*
1/2 jitomate guaje, sin piel ni semillas
y en cuadritos

modo de prepararse

En una sartén con agua hirviendo, sumergir las hojas de lechuga para que se ablanden y pueda dárseles forma; incorporar el relleno y enrollar en forma de taco.

Para prepara el relleno: En un bol, mezclar el atún y la mayonesa hasta obtener una pasta homogénea; luego, añadir el jitomate.

Omelette de Claras de Huevo con Verduritas

ingredientes

2 ejotes
1/2 zanahoria
1/2 jitomate bola
3 espárragos trigueros
1 cucharadita de granos de elote (o 2 elotitos baby)
2 claras de huevo

modo de prepararse

Cocer las verduras enteras en una cacerola y luego cortarlas en cuadros.
En un bol, batir las claras de huevo y añadir las verduras cocidas.
Vaciar la mezcla en una sartén engrasada con aceite antiadherente en aerosol y cocer hasta que esté en su punto.

Barrita Energética a las 12 del día

Nuggets de Soya

ingredientes

1 paquete de nuggets de soya
aceite de cacahuate
tofu, en rodajas
lechuga, en juliana (opcional)

modo de prepararse

Aliñar los nuggets de soya con aceite de cacahuate y el tofu,
o, si se prefiere, con lechuga en juliana (muy fina).
(Estos ingredientes pueden adquirirse en tiendas vegetarianas
o en los puestos de materias primas para comida oriental que
hay el mercado de San Juan, en la ciudad de México).

Salpicón de Pollo Cocido

ingredientes

1/4 de cebolla, finamente picada
1/2 jitomate bola, finamente picado
4 aceitunas verdes, picadas
1/4 de aguacate, picado
150 gramos de pechuga cocida,
partida en trocitos o deshebrada
chile serrano, picado
lechuga, en juliana

Para la vinagreta clásica
aceite vegetal
vinagre de manzana
sal y pimienta

modo de prepararse

Incorporar la cebolla, el jitomate, las aceitunas,
el aguacate y, al final, añadir el pollo.
Para montar, poner en un plato un aro metálico
(que sirve para dar forma) y en su interior colocar
una cama de lechuga en juliana, seguida de la
mezcla anterior aderezada con la vinagreta.

Para preparar la vinagreta clásica: Batir en un
bol tres partes de aceite por una de vinagre,
además de sal y pimienta, hasta obtener una
mezcla homogénea.

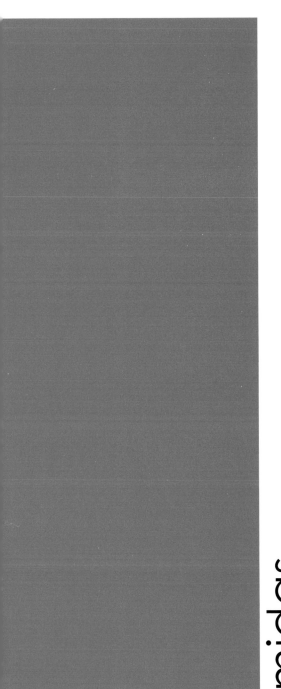

comidas

Otra vez, Fernando (el lic. Gutiérrez), ése es mi jefe, quiere que me coma algo "de volada" y esté de regreso a las 15:30, media hora antes de mi obligación y una hora antes de lo habitual, porque "tenemos una importante reunión" en la oficina con unos tipos inversionistas extranjeros. El mero mero de estos sujetos es un gringo pesadísimo, al que ya conocemos y que resultó más complicado de convencer que mi amiga Alejandra; pero si pude con ella, ¿qué no podremos con el gringo? (¿Tú qué crees?) Cuando me extiende su mano pecosa color leche, envuelta en una sonrisa "puesta" con calzador, siento deseos irrefrenables de recuperar a la brava todo lo que regaló Toñito López de Santa Anna.

La verdad es que me da mucha flojera comer en mi escritorio, porque ya he manchado más de una vez algún papel importante con mayonesa o con catsup. Pero es peor ir al depa, manejar una hora en el coche y, para variar, aguantar alguna manifestación que esté desquiciando el tráfico; ¡¿y luego otra hora de regreso?!, ni loco... La alternativa es no comer o comer papas, pastelitos y refrescos.

En fin, es una cosa que no me gusta nada hacerlo pero tengo que ser un poco justo por todos los viernes de pinta que me he tomado, los "viernes sociales" les llamamos. Pero la próxima vez me traigo mi itacate.

Son las 15, el pastelito empieza a tener una tremenda cara y creo que ya es la única opción...

itacate en la oficina

Cebiche de Atún

ingredientes

1 kilo de atún, partido en cuadritos de 1 centímetro
1/2 litro de jugo de limón
80 mililitros de aceite de oliva
3 dientes de ajo
1 kilo de jitomates maduros, sin semillas y picados
200 gramos de cebolla, picada
unas ramas de cilantro fresco, picado
90 gramos de aceitunas verdes, picadas
2 cucharadas de chiles serranos
en escabeche, picados
100 mililitros de salsa catsup
1 cucharada de orégano seco
sal y pimienta

modo de prepararse

En un bol, poner el pescado a marinar a temperatura ambiente con el jugo de limón durante dos horas.

En una sartén, dorar en aceite de oliva los dientes de ajo, desecharlos y dejar que el aceite se enfríe.

En un bol grande de vidrio, mezclar el jitomate, la cebolla, el cilantro, las aceitunas, los chiles, la salsa catsup y el orégano. Añadir el aceite en que se frieron los dientes de ajo y reservar.

Lavar el pescado tres veces en agua fría. Cubrirlo con agua, dejarlo reposar cinco minutos y volver a enjuagar. Incorporarlo al recipiente con la mezcla y salpimentar.

Ensalada de Pasta Fría

ingredientes

50 gramos de pasta (tipo lacito)
aceite de oliva
2 pimientos del piquillo, en cuadritos
4 espárragos, cocidos y partidos en rodajas
1/2 zanahoria, cocida y partida en rodajas finas
o en cuadritos
3 filetes de anchoa, en tiritas o picadas
1 lata chica de atún en aceite
10 aceitunas verdes
4 cucharadas de mayonesa
10 aceitunas verdes
4 hojas de lechuga, en juliana (opcional)

modo de prepararse

En una olla, poner a cocer la pasta; cuando ya esté *al dente*, retirar del fuego y dejar que se enfríe; agregar un chorrito de aceite para que no se pegue.

En un bol, colocar los pimientos, los espárragos, la zanahoria, las anchoas, el atún y las aceitunas, e incorporar todo con la mayonesa.

Agregar este aderezo a la pasta.

Puede agregarse lechuga a la pasta.

Escalopas de Ternera al Limón

ingredientes

sal y pimienta
4 escalopas de ternera
30 mililitros de aceite de oliva
30 gramos de mantequilla
200 gramos de champiñones, limpios
y en rodajas
15 gramos de harina de trigo
120 mililitros de caldo de pollo
1 limón (el jugo)
perejil picado

modo de prepararse

Salpimentar las escalopas. En una sartén, freírlas con aceite de oliva por ambos lados; retirar y reservar.

En otra sartén, fundir la mantequilla, agregar los champiñones y sazonarlos. Cocinar durante cinco minutos a fuego alto.

Incorporar la harina, revolviendo; verter el caldo de pollo y el jugo de limón. Mezclar todo bien y dejar hervir por cuatro minutos.

Regresar las escalopas a la sartén, espolvorear con el perejil picado y dejar que la carne se caliente.

Berenjenas Rellenas

ingredientes

1 berenjena
aceite de oliva
1/2 zanahoria, en cuadritos
1 jitomate bola, picado
1/2 cebolla, picada
70 gramos de carne, mitad de ternera y mitad de cerdo, picada
1/2 copa de vino tinto
1/2 copa de salsa gravy de carne (comprar en el súper)
sal y pimienta
tomillo
queso rallado

modo de prepararse

Partir la berenjena por la mitad, horizontalmente, y hornear con un chorrito de aceite de oliva por 15 minutos.

Extraer la pulpa de la berenjena y picarla.

En una sartén con aceite de oliva, saltear, el jitomate, la zanahoria y la cebolla hasta que queden muy blanditas; agregar la carne picada y dejar cocer; flamear con el vino tinto, añadir la salsa gravy y cocinar durante 15 minutos. Salpimentar y añadir el tomillo para aromatizar.

Rellenar las cáscaras de berenjena con las verduras, la carne picada y la pulpa de berenjena. Espolvorear encima el queso rallado y hornear 15 minutos para que se gratine.

Sushi de Chicharrón de Salmón

modo de prepararse

Preparar igual que el sushi de salmón. Sólo se sustituye el salmón natural por chicharrón de salmón, disponible en establecimientos de insumos orientales o, en su defecto, simplemente dejar secar la piel del salmón en una charola a temperatura ambiente; para acelerar el proceso, puede deshidratarse en el horno.

Sushi de Salmón

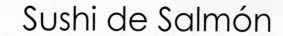

ingredientes

3 hojas de alga nori
400 gramos de arroz nishiki
30 gramos de crepa de huevo
wasabe
100 gramos de salmón natural
70 gramos de pepino, en bastoncitos
70 gramos de hongos shitake, marinados

modo de prepararse

Colocar la hoja de alga nori en un tapete de bambú, extender encima el arroz cocido, sin apretarlo; encima de éste, poner la crepa de huevo con un poco de wasabe.
Acomodar el pepino, los hongos y el salmón a lo largo.
Formar tres rollos y sacar seis rodajas de cada uno.

solo en casa

Es miércoles, mitad de la semana y aún todavia queda lo más duro: el jueves por la noche... y el superviernes social (que sí está cañón).

Tienes una junta cerca de casa (una verdadera, no de ombligos) y terminas relativamente rápido: son cerca de las dos de la tarde y decides mejor no subir a la oficina. Eso implica una hora de una eventual, posible, fascinante, siesta deliciosa.

Aprovecho que nadie me escucha para decirme en voz alta (mi analista dice que es lo más normal del mundo; más aún, que quien nunca habla solo está híperreprimido, pero no es que yo le haga caso y siga sus veladas instrucciones, ¡en absoluto...!):

— Mejor voy a mi guarida a preparar algo sabroso y sano de comer y me echo un coyotito sensacional. Hace mucho que no tengo esa media horita a solas conmigo mismo para descansar a pata tendida...

Bien, fin de la comida semidietética, sobre todo no muy pesada y bastante baja en grasas para poder dormir tranquilamente; solo te falta colocarte en el sofá, que ya está bastante destrozado por el perro y por la cantidad de gente que se sienta en él. Parece sillón de autobús de provincia.

Pones la tele y empiezas a escuchar la dulce y melosa voz del presentador de *Discovery Channel* contando de los monos del Serenguetti, de cómo se reproducen los coleópteros o de los peces Aleta Roja que viven en los arrecifes de no sé dónde (era Tombuctú o Turkestán, algún nombre exótico, seguro). No tienes tiempo de ver ni tres segundos del programita, cuando estás profundamente dormido.

¿Despertarás?

Dulces sueños. Zzzzzzz!!!!!!!!!!

Pechuga de Pollo Rellena de Queso de Cabra con Salsa de Nueces

ingredientes

papel aluminio
1/2 pechuga de pollo, limpia y aplanada
sal y pimienta

Para el relleno
aceite de oliva
1/2 cebolla, finamente picada
50 gramos de queso de cabra
50 mililitros de crema
25 gramos de nueces, picadas
100 mililitros de salsa gravy de carne

Para la guarnición
10 gramos de zanahorias, en tiras delgadas
10 gramos de ejotes

modo de prepararse

Sobre un trozo de papel aluminio, poner la pechuga, salpimentar y colocar el relleno; arrollar el envoltorio y retorcer las puntas para cerrarlo (como un caramelo). Cocer en agua hirviendo por 25 minutos.

Separar el pollo del papel aluminio y cortarlo de forma sesgada en dos partes. Para servir, colocar en un plato los trozos de pollo, uno acostado y el otro de pie, salsear con el preparado de nueces y gravy, y acompañar con la guarnición de verduras.

Para preparar el relleno: En una cazuela con un poco de aceite de oliva, freír la cebolla hasta que se ablande; incorporar el queso de cabra y la crema, y cocinar un momento más. Retirar y dejar enfriar dos horas.

Para preparar la salsa: En una sartén, dorar los nueces, añadir la salsa gravy de carne y dejar cocer cinco minutos.

Para preparar la guarnición: cocer las zanahorias y los ejotes.

Quiche Lorraine

ingredientes

3 láminas de pasta quebrada descongelada
(se consigue en el súper)
1/2 cucharadita de mantequilla
60 gramos de queso gruyere, rallado

Para el relleno
30 gramos de mantequilla
2 rebanadas de tocino, finamente picado
1 cebolla, finamente picada
2 huevos
1 taza de crema para batir
pimienta
1/2 cucharadita de nuez moscada molida

modo de prepararse

Engrasar con mantequilla un molde redondo; cubrir uniformemente el fondo con la pasta quebrada repartida. Espolvorear el queso sobre la masa de manera homogénea, tapar y refrigerar mientras se prepara el relleno que se vertirá en el molde.

En un bol, batir los huevos con la crema, añadir la pimienta y la nuez moscada. Colocar esta mezcla encima de todo y hornear durante 30 minutos, hasta que la mezcla cuaje la masa y se dore.

Para preparar el relleno: En una sartén al fuego con mantequilla, sofreír el tocino y la cebolla hasta que se ablanden.

Revuelto de Setas y Camarones

modo de prepararse

Remojar en agua con harina los hongos para separarles la tierra; trocearlos.

Pelar los camarones y salpimentarlos.

En una sartén con un poco de aceite de oliva, saltear los champiñones y los camarones hasta que estén cocidos.

En un bol, batir los huevos y salpimentarlos, añadir los hongos y los camarones hasta que se mezclen bien.

En otra sartén con un poco de aceite de oliva, verter los huevos y cocinar al gusto. Se recomienda que queden un poco crudos pues son más jugosos.

ingredientes

25 gramos de setas, champiñones o cualquier hongo de temporada
5 camarones medianos
sal y pimienta
1 cucharada de aceite de oliva
2 huevos

Steak a la Tártara

ingredientes

200 gramos de cabeza de filete de res,
sin nervios ni grasa
sal y pimienta
1 yema de huevo

Para acompañar
consomé
alcaparras, picadas
cebolla, picada
perejil, picado

modo de prepararse

Picar la carne y sazonar con sal de mesa y pimienta
recién molida.
Amasar el picadillo y darle forma de una tortilla de
tres centímetros de grueso. Colocarlo en una fuente y
hacer una cavidad en el centro con la parte cóncava
de una cuchara; colocar allí la yema de un huevo.
Servir junto con un tazón de consomé hirviendo y tres
fuentes con alcaparras, cebolla y perejil.

Salmón a la Plancha sobre Puré Ligero de Patatas con Uvas Pasas y Piñones

ingredientes

200 gramos de salmón fresco
en trozo, sin piel ni espinas

Para el puré de papas
1 papa, sin cáscara y en cuadritos
50 mililitros de crema
sal y pimienta
nuez moscada molida
5 gramos de piñones
5 gramos de pasas
50 mililitros de aceite de oliva

modo de prepararse

Asar el salmón a la plancha, salpimentado hasta que esté en su punto.
Para servir, colocar en el plato dos cucharadas de puré de papas y encima el salmón, bañado con un chorrito de aceite de oliva.

Para preparar el puré: Cocer la papa en agua con sal. Una vez cocida, licuarla con un poco del agua de cocción, la crema, la sal, la pimienta y la nuez moscada.
En una sartén con un poco de aceite, saltear los piñones y las pasas; incorporar el puré de papas y calentar.

Ensalada César

ingredientes

1 lechuga romana, troceada
2 rebanadas de tocino, frito y picado
1 taza de pan frito, partido en daditos (crutones)

Para la vinagreta
4 filetes de anchoas
1 cucharada de mostaza de Dijon
2 dientes de ajo, pelados, picados y molidos
1 yema de huevo
1/4 de taza de vinagre blanco al estragón
3/4 de taza de aceite de oliva
jugo de limón, al gusto
sal y pimienta

modo de prepararse

Colocar la lechuga sobre los platos y cubrir con el tocino picado y los daditos de pan frito; para terminar, salsear con la vinagreta.

Para preparar la vinagreta: Enjuagar los filetes de anchoa en agua fría; escurrirlos bien y secarlos sobre toallas de papel; hacerlos puré e incorporarlos con el resto de los ingredientes hasta que la mezcla espese. Rectificar la sazón y servir.

Buena onda, sabadito. Te levantas tarde, te atreves a mover el esqueleto con el sano propósito de sudar una buena parte del alcohol que consumiste la noche anterior, comes tarde, descansas, y cerca de las 7 u 8 pm llega lo que en algunas partes del primer mundo se conoce como *thé time*, o sea, la hora de crear una estrategia para el reve de la noche.

Ya cansados de llamar a Juan por un teléfono de cable, a Luis por el celular y todos a su vez conectados con los demás (cada quién ofreciendo opciones unilaterales), que mas que organizar la fiesta nocturna parece que estamos solucionando problemas de estado, hemos decidido que hay que crear un punto de encuentro para decidir estas cosas, así no se convierte en la loquera de todos los fines de semana. Este sábado tocó en mi depa; hasta las paredes tiemblan cuando saben que mis cuates llegarán.

— ¡En una hora!!!!!!

— ¡Va!!

— ¿Tienes algo de tomar?

— Sí, algo, pero ¡móchense!, ¿OK?

Cuelgo el teléfono y me acuerdo de mi vecina ya entrada en años, espero que las florecitas con la notita que le mandé hayan funcionado, porque le espera una igual a la pobre. Si no es así, tendré que darle una atención más personal y específica...

Ok. Ya llegarón entre las discusiones de siempre: que si cenamos en un italiano o en un chino o mil tonterías de ésas.

Juan, que a veces parece un tonto con vista al mar, pregunta con su vocecita atiplada:

— ¿No tienes una chelita como para calentar motores?

— ¡Claro!! En el refri.

Ya conocemos a Toño, que no solamente va a buscar una chela, sino que ya se le despertó un poco el apetito, y le mete mano a tu refri y a tu alecena y a tragar de todo "como si fuera esta noche la última vez".

— Está riquísimo esto, ¿qué es?

No te deja contestar cuando ya le dijo a la banda que "vengan a probar" (te pones a pensar si no será la comida del perro). En un instante la jauria de amigos ocupa la cocina abriendo los cajones y embutiéndose todo. Entonces mejor propones que preparas algo de comer, como para crear una seudo cena monchis.

A tus cuates les encanta la idea, con lo que apúrate para hacerla y que se amansen las fieras, porque con el escandalo que están haciendo, te va a caer la tira y de perdida tendrás que dedicarle un fin de semana a tu vecina...

sábado de cuates

Queso Manchego

modo de prepararse

Comprar en el mercado —por ejemplo en el de San Juan, en la
ciudad de México— una pieza de queso manchego español; es
mejor si tiene unos seis meses de añejamiento, porque su sabor
es más fuerte.

Pan con Tomate y Jamón Serrano

ingredientes

1 jitomate maduro
1 cucharadita de aceite de oliva
sal y pimienta
ajo (opcional)
8 rodajas de pan de barra
jamón serrano

modo de prepararse

Rallar el jitomate manualmente o, en su defecto, licuarlo; añadir aceite de oliva y salpimentar.
Untar el pan con esta pasta. Colocar encima las rebanadas de jamón serrano (de preferencia
español y no italiano, ya que difieren en calidad).
Si se desea, puede frotar el pan con un poco de ajo.

Roast Beef con Chícharos Salteados y Jamón

modo de prepararse

Untar el prime rib con la manteca, salpimentar y cocer sobre una plancha al fuego hasta que se dore por todos los lados y así evitar que se le salga el jugo.

Hornear a 150 °C por media hora sin cesar de bañar con el propio jugo de la grasa para que no se seque.

Sacar y dejar enfriar a temperatura ambiente.

En una sartén sin grasa, saltear el jamón y, en la grasa que suelta, calentar los chícharos.

Una vez fría, rebanar la carne en cortes muy finitos; su interior debe estar rosado.

Servir con la guarnición de chícharos calientes.

ingredientes

1 prime rib de ternera
manteca vegetal
sal y pimienta
15 gramos de jamón serrano, en cuadritos
1 lata de chícharos de 125 gramos

Ensalada de Endivias a la Crema Gratinadas

ingredientes

3 espárragos blancos, en rodajas
1 jitomate mediano, sin piel ni semillas y picado
15 gramos de nueces, picadas
1 cucharada de granos de elote
2 palmitos, partidos en cuadritos
3 endivias, en juliana

Para la vinagreta
aceite de oliva
vinagre balsámico de Módena
mostaza
sal y pimienta

Para la pasta
1 clara de huevo
1 cucharada de mayonesa

modo de prepararse

En una fuente, colocar los espárragos blancos, el jitomate, los granos de elote, los palmitos y las endivias, de las que se guardan las ocho hojas enteras más bonitas.
Agregar la vinagreta y cubrir con la pasta.
Gratinar en el horno durante medio minuto.
Para servir, colocar la ensalada en un lado de las hojas de endivia, para que den altura, y adornar con las nueces.

Para preparar la vinagreta: En un bol, batir fuertemente aceite de oliva, vinagre, mostaza pimienta y sal, hasta que quede una mezcla homogénea.

Para preparar la pasta: mezclar bien la clara de huevo y la mayonesa.

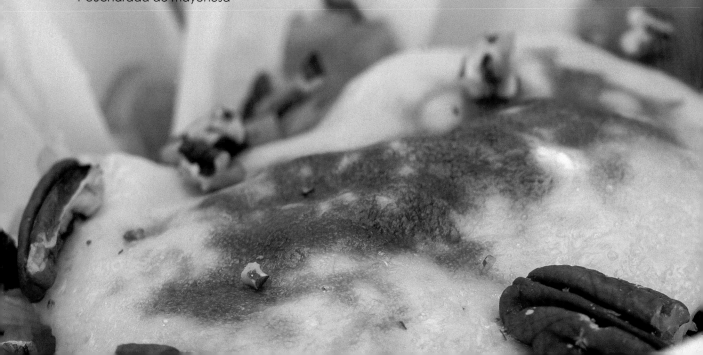

Espagueti a la Carbonara

ingredientes

150 gramos de espagueti
sal
tomillo
aceite de oliva
100 mililitros de crema
1 huevo
25 gramos de tocino
5 gramos de mantequilla

modo de prepararse

Cocer el espagueti en abundante agua sazonada con sal, tomillo y un chorrito de aceite de oliva. (Si la pasta es fresca, debe cocerse unos tres minutos; si es de paquete, lo que se señale en la envoltura). Batir la crema con el huevo durante un minuto. En una sartén, freír el tocino y añadir la mezcla anterior.

Verter la salsa sobre la pasta, para que no se corte; para finalizar, ponerle una bolita de mantequilla.

Camarones al Mojo de Ajo

ingredientes

6 camarones, con cabeza y cáscara
3 dientes de ajo
sal y pimienta
vinagre
aceite de oliva
15 gramos de mantequilla
1 cucharada de jugo de limón

modo de prepararse

Partir los camarones a lo largo, sin separar totalmente. Quitar la línea oscura del dorso.

Moler los dientes de ajo con sal, pimienta y vinagre.

Marinar los camarones en esta mezcla durante 30 minutos. Calentar el aceite y la mantequilla en una sartén, agregar la pasta de ajo y saltear tres minutos hasta que se dore.

Añadir los camarones con la cáscara hacia arriba. Bajar el fuego, tapar y cocinar cinco minutos hasta que los camarones cambien de color. Rociar con el jugo de limón.

Cordero Lechal al Horno

ingredientes

1 cordero, en trozos
tomillo
laurel
pimienta en grano
100 mililitros de aceite de oliva

Para la salsa

1 cucharada de mantequilla
1/2 copa de vino tinto
1/4 copa de brandy
5 gramos de pan rallado

Para la guarnición

6 papas grandes
aceite de oliva

modo de prepararse

Llenar una olla con agua sazonada con tomillo, laurel, pimienta en grano y aceite de oliva. Cocer allí las piezas de carne, sin dejar que el agua hierva en ningún momento, por un par de horas para quitar el olor fuerte al cordero y para que esté cocido y jugoso cuando se hornee.

Una vez que la carne esté suave, colocarla en una charola y rociar un poco de aceite de oliva. Hornear a temperatura muy alta hasta que se dore; de esta manera, la parte exterior quedará dorada y crujiente, y el interior estará muy jugoso.

Servir salseado y acompañado de una papa al horno.

Para preparar la salsa: En una sartén, fundir la mantequilla. Añadir el vino y dejar que se reduzca; luego, agregar el brandy y flamear.

Incorporar el pan rallado y dejar cocer dos minutos. Añadir un chorrito del agua de cocción para que no quede muy espesa. El resultado es una salsa de color marrón con un gran gusto a cordero.

Para preparar la guarnición: Envolver en papel aluminio las papas salpimentadas y con un chorrito de aceite de oliva. Hornear hasta que estén cocidas.

Caldo de Res

ingredientes

500 gramos de morcilla
2 huesos de caña o tuétano
250 gramos de pechuga de gallina
1 cebolla
2 zanahorias
3 poros
3 litro de agua
sal
laurel, tomillo y perejil (opcional)

modo de prepararse

En una cazuela, cocer en agua el trozo de morcilla, los huesos, la gallina, la cebolla, las zanahorias, los poros y la sal. Cocinar lentamente por cuatro horas, durante las cuales se irá quitando la espuma que se forme en la superficie. (Si se quiere, puede clarificarse con cinco claras de huevo batidas y mezcladas con una zanahoria y un poro, ambos picados, que se hierven por media hora más.)

Antes de servir, pasar por un chino y un colador de tela.

El gusto se mejorara si se añade al caldo un ramillete de laurel, tomillo y perejil.

Servir en una copita.

Rissoto de Abulón

ingredientes

50 mililitros de aceite de oliva
1 cebolla mediana, picada
150 mililitros de caldo de mariscos
600 gramos de arroz arborio
120 gramos de abulón rasurado
3 gramos de azafrán
60 gramos de queso parmesano
50 gramos de mantequilla

modo de prepararse

En una cacerola arrocera, sofreír la cebolla en un poco de aceite; vaciar la mitad del caldo de mariscos y el arroz; cocer a fuego lento reponiendo el caldo a medida que se seque.

Agregar el abulón y el azafrán a la cocción sin dejar de remover con una espátula.

Cuando el arroz esté cocido, añadir, mezclando bien, el queso rallado y la mantequilla.

Cazuelita de Alubias con Almejas en Salsa Verde

ingredientes

3 cucharadas de aceite de oliva
1/2 cebolla, finamente picada
20 gramos de harina de trigo
1 copa de vino blanco
2 tazas de *fumet* de pescado
unas ramitas de perejil, picadas
40 almejas chirlas
1 lata de alubias cocidas

Para el *fumet* (o caldo de pescado)
1 litro de agua
1 hoja de laurel
1/2 cebolla pequeña
1 zanahoria
1 poro
2 cabezas de pescado (tipo robalo)

modo de prepararse

En una cazuela con aceite, rehogar la cebolla hasta que se ablande; añadir la harina, mezclando bien.
Incorporar el vino blanco y el *fumet*; dejar cocinar dos minutos.
Agregar el perejil, las almejas y las alubias, tapar y cocinar durante ocho minutos, hasta que las almejas se abran.
Destapar y dejar en la lumbre por un par de minutos más.
La salsa debe quedar ligeramente espesa.

Para preparar el *fumet*: hervir en agua todos los ingredientes.

Huachinango Relleno de Verduritas con Salsa de Espárragos Trigueros

ingredientes

1 huachinango, deshuesado (la cola y la cabeza deben quedar unidas, de forma que sólo esté abierto el centro)
tomillo (opcional)
romero (opcional)

Para el relleno
1 zanahoria, finamente picada
1/2 cebolla, finamente picada
30 gramos de hongo portobello
1/4 de pimiento verde
1/4 de pimiento rojo

Para la salsa
3 cucharadas de aceite de oliva
8 espárragos trigueros, cocidos
1/4 de taza de crema
sal y pimienta

modo de prepararse

Rellenar el pescado y, en una charola con un poco de aceite, hornearlo a 150 °C por 20 minutos; verificar la cocción.
Si se desea, añadir hierbas de olor, como tomillo y romero.
Servir bañado con la salsa.

Para preparar el relleno: En una sartén con aceite, saltear todas las verduras hasta que queden blanditas.

Para preparar la salsa: Licuar los espárragos trigueros con la crema, sal y pimienta.
Cocer la mezcla en una sartén y dejar hervir cinco minutos.

Pierna y Lomo de Conejo Rellenos Guisados

ingredientes

1 conejo
2 cucharadas de harina de trigo
5 cucharadas de aceite de oliva
4 pimientos del piquillo, picados

Para el relleno

1 cebolla pequeña, cortada finamente
100 gramos de champiñones, picados finamente
1/4 de taza de brandy
1/2 taza de vino tinto

Para la guarnición

mantequilla
80 gramos de ejotes, cocidos y en tiras
40 gramos de zanahorias, cocidas y en tiras
sal y pimienta

modo de prepararse

Deshuesar el conejo, separando las piernas, las paletillas y los lomos del espinazo.

Introducir el relleno en las piernas y las paletillas, y cerrarlas con palillos. Pasar por harina y freír en una sartén con aceite bien caliente, a fin de que hagan una costra dorada. Para terminar, hornear a temperatura alta durante 10 minutos.

Abrir los lomos como libros y rellenar con los pimientos; cerrarlos en forma de rollito, que se ata con un cordel; freír y luego hornear por tres minutos. Para servir, colocar en el plato una montañita de verduras, recostar la pierna del conejo rellena encima y, a un lado, poner el lomo cortado en rodajas muy delgadas, en capas.

Para salsear, la combinación perfecta sería un poco de salsa gravy de carne con un toque de romero.

Para preparar el relleno de las piernas y paletillas: En una sartén, saltear la cebolla en aceite y, en seguida, los champiñones, hasta que queden muy blanditos; flamear con el brandy y añadir el vino dejándolo reducir. Salpimentar.

Para preparar la guarnición: En una sartén con un poco de mantequilla, saltear los ejotes y las zanahorias.

domingo de fut

Te levanta Alejandra a las 10 de la mañana y te dice:

— Párate rápido, papito!!!!!

y como si estuvieras dialogando con el personaje de una pesadilla respondes:

— ¿Como para qué...?

— ¿No te acuerdas papacito, verdad? (irónicamente)

En eso te cae el veinte... la paella ¿verdad?

— Anoche por andar de muy *gourmet*, le contaste a todos que hacías una paella (como tú lo pusiste) de ¡no se la van a acabar!!!! Y prometiste: "Es más, mañana les preparo una para ver el fut", y seguiste haciendo apuestas...

— Caray........ ¿A quién le aposte?

— A la U de Nuevo León

— A poco...

— ¿Cuánto fue, no te acuerdas?

— No, pero si pierdes, Luis te lo va a recordar. Porque creo que me incluiste a mí, y ya estoy ansiosa... Ese Luis no se me va ir vivo...

Entre el dolor de cabeza y el arrepentimiento, le das un besito a la buena de Alejandra por haberte ubicado en la realidad y proceden a redactar juntos la receta de la paella, apuntan los ingredientes y salen para el súper.

De regreso comienzas con los preparativos: sientes algo de presión de que resulte bien ya que en el refri no te queda nada más; así es que si te queda incomible... el único manjar va a ser Alejandra. O si no, todos a comer algo de algún restaurante que te trae las cosas a casa.

Te aplicas y sigues las instrucciones, y la comida te queda de maravilla, y no sólo eso: los auriazules, que no meten goles ni en las prácticas, ganan milagrosamente.

Tu gran reto ahora es que no se queden toda la tarde como la semana pasada, que terminaste compartiendo la cobija en el sofá para ver la película de la noche.

Paloma *Pink*

ingredientes

Para 2 bebidas

2 limones
8 hielos
2 onzas de tequila
2 KAS Pink
sal

modo de prepararse

El orden de los factores si altera el resultado.
Escarchar el vaso con sal; incorporar hielos, verter
el tequila, exprimir medio limón, servir el KAS Pink y
exprimir otro medio limón.

Rossejat de Fideos

ingredientes

2 cucharadas de aceite de oliva
4 camarones medianos
2 dientes de ajo, picados
1/2 cebolla pequeña, picada
400 gramos de fideos del número 2

Para el caldo de pescado
1 litro de agua
1 hoja de laurel
1/2 cebolla pequeña
1 zanahoria
1 poro
2 cabezas de pescado (tipo robalo)

modo de prepararse

Sofreír en el aceite los camarones durante unos
segundos.

Retirar y agregar en el mismo aceite los dientes de
ajo y la cebolla; dorar un rato y retirar. En el mismo
aceite, cocinar los fideos hasta que adquieran un
color oscuro.

En una paellera, mezclar todos los ingredientes;
incorporar el caldo de pescado y cocer removiendo
de vez en cuando.

Servir cuando el agua esté consumida y los fideos
cocidos y sueltos. Acompañar con una salsa *all i oli*.
Decorar cada plato con un camarón y una ramita
de perejil rizado.

Para preparar el caldo de pescado: Hervir en el
agua todos los ingredientes.

Alubias con Chistorra

ingredientes

3 litro de agua
aceite de oliva
1/2 kilo de alubias
120 gramos de chistorra
2 poros en trozos
2 zanahorias, en trozos
1 cebolla, en trozos
2 jitomates maduros, en trozos
3 pimientos verdes pequeños, en trozos
sal
chile serrano, al gusto (opcional)

modo de prepararse

En una cacerola, verter el agua, el aceite de oliva, las alubias, la chistorra y la verdura limpia y troceada durante 45 minutos.
Rectificar la sazón. Sacar las verduras, triturarlas e incorporarlas de nuevo a la cocción. Hervir durante cinco minutos más.
Servir con la chistorra cortada en trozos medianos. Se puede añadir un poco de chile para potenciar el sabor.

Pollo a la Sidra

modo de prepararse

Partir el pollo en trozos grandes y salpimentar; freír en aceite hasta que estén bien dorados.

Añadir las cebollas; cuando cambien de color, agregar la sidra y dejar que se reduzca; incorporar el caldo de carne y mantener en el fuego.

Por separado, cocinar la manzana en mantequilla, freír las papas y cocinar a fuego lento los champiñones. Cuando estén listos, escurrir bien para que no añadan aceite e incorporar a la cazuela del pollo.

Cocer por unos minutos.

ingredientes

1 pollo de 1.5 kilos
3 cebollas grandes, en juliana fina
1/2 botella de sidra natural
100 mililitros de caldo de carne
1 manzana reineta, en cuadritos
15 gramos de mantequilla
250 gramos de papas, en cuadritos
100 gramos de champiñones
aceite de oliva
sal y pimienta

Lechoncito Pibil

ingredientes

1 lechón de unos 4 kilos
manteca de cerdo

Para el adobo
20 gramos de pasta de achiote
1/4 de taza de vinagre blanco
10 pimientas negras
4 dientes de ajo
1/4 cucharadita de cominos
2 naranjas (el jugo)
sal

modo de prepararse

Untar el cochinito con el adobo y un poco de manteca; hornear a 120 °C por 50 minutos y luego subir la temperatura al máximo durante 10 minutos para que se le forme una capa crujiente.

Durante el tiempo que la carne se cocine a fuego lento, rociarla con el caldo que suelte.

Para preparar el adobo: Disolver la pasta de achiote en el vinagre y el jugo de las naranjas. Asar los dientes de ajo. Licuar todo y salar.

Toda la mañana estás con la presión de cuál es la súper excusa que darás hoy a Fernando (el molesto licenciado Gutiérrez), ya que tienes una gran comilona planeada en casa, con toda la banda y unas amigas.

Hablas con Rosita, la secretaria del licenciado (que te ha tirado la onda desde que empezaste a trabajar en la empresa y te mira con ojos de borrega degollada, los párpados pestañudos a media asta, en medio de un vaho de perfume). Le comentas cuál es tu plan y que si te puede cubrir como la semana pasada, antepasada, ante antepasada... Para tu sorpresa te informa que esta vez no la vas a necesitar, ya que el licenciado se marchó de fin de semana a Acapulco con su familia (la oficial, para más datos).

¡Qué alivio!!! Ya que le debes como seis a Rosita y si se las quiere cobrar un día de estos te tendrás que aguantar; la invitas a tu comilona... La oficina vacía. Se van a dar cuenta que tanto despacho sale sobrando...

Bueno, de eso no hay que preocuparse ahorita; por lo pronto te saliste con la tuya y tienes asegurado ¡un tremendo viernes con tus cuates!!!!!!

Sales corriendo a tu casa para poder montar la mesa y disimular que no vive ahí un Cromagnon. Juan ya quedó muy formal, que él te echa la mano con la comida, ya que esta vez no van sólo los locos de tus amigos. También tenemos unas lindas nenas que nos acompañarán. Falta saber quién se ocupará de Rosita, que viene con mucho hambre desde hace tiempo...

viernes de pinta

Martini de Melón

ingredientes

4 onzas de pulpa de melón
4 onzas de ginebra
1 cubo de hielo

modo de prepararse

Licuar el melón. En una coctelera, colocar el hielo, el jugo de melón y la ginebra; sacudir, colar y servir en copas martineras.

Tarta Tatín de Manzana

ingredientes

325 gramos de mantequilla
1 kilo de manzana reineta, pelada y en gajos gruesos
100 gramos de azúcar

Para la costra
250 gramos de harina de trigo
1 huevo
1 pizca de sal

modo de prepararse

Untar un molde grande para pastel (redondo) con abundante mantequilla (unos 100 gramos).
Colocar los gajos de manzana en el molde, bien apretados entre sí. Espolvorear encima el azúcar y rociar 25 gramos de mantequilla fundida.
Cocinar en la lumbre, a fuego bajo, durante unos 20 minutos, hasta que el azúcar se caramelice pero no se tueste. Sacar del horno y cubrir el molde con la costra, introduciendo los bordes en el interior. Hornear a temperatura moderada durante media hora.
Voltear el molde en una charola y dejarlo enfriar antes de servir.

Para preparar la costra: Sobre una plancha, verter la harina en forma de volcán y colocar en el interior el huevo entero, la sal y el resto (200 gramos) de la mantequilla a temperatura ambiente (blanda).
Mezclar todo bien hasta obtener una pasta blanda; puede añadirse un poquito de agua, en caso de necesitarla.
Con un rodillo o palote, extender la masa lo más delgada posible.

Mini Verduras a la Parrilla con Queso Fundido al Aroma de Tomillo

ingredientes

6 zanahorias baby
6 calabacitas baby
8 papitas de Cambray
1 berenjena baby
100 gramos de brócoli
30 gramos de queso tipo manchego
3 cucharadas de aceite de oliva
5 gramos de tomillo
sal y pimienta

modo de prepararse

Cocer *al dente* (no muy cocidas) todas las verduras por separado.

En un plato sopero, colocar el queso cortado en trocitos con el aceite y el tomillo. Hornear a unos 180 °C hasta que se funda. Cubrir con el queso las verduras recién cocidas.

Cuernitos de Queso Parmesano

ingredientes

Para 36 unidades

300 gramos de queso parmesano, rallado fino
3 rebanadas de jamón, en tiras
2 higos frescos, en trozos pequeños (pueden ser de lata, pelados)

para el relleno
1 kilo de queso ricotta
2 cucharadas de jugo de limón
1/2 cucharada de leche
2 cucharadas de cebollín, picado
sal y pimienta negra, al gusto

82

modo de prepararse

En una sartén antiadherente, colocar un aro de 7 centímetros de diámetro. Espolvorear el interior con tres cucharaditas de queso parmesano repartidas uniformemente. Dejar cocinar el disco durante tres minutos hasta que el queso se funda y se gratine; despegar el queso con una espátula y envolver alrededor de una manga pastelera para darle forma de cuerno de la abundancia.

Dejar enfriar y separar del molde (se enfrían con rapidez).

Hornear el jamón y luego dejar enfriar, para que quede crujiente.

Rellenar los cilindros con la masa de ricotta, y finalizar con el jamón y un trozo de higo.

Para el relleno: Batir el queso ricotta, con el jugo de limón y la leche hasta obtener una pasta fina, añadir el cebollín, la sal y la pimienta negra machacada al gusto.

Lomo de Robalo a la Plancha sobre Alcachofas en Tempura con Salsa de Hongos al Vino Tinto

ingredientes

1 filete de robalo de unos 200 gramos,
sin espinas
sal y pimienta
2 alcachofas cocidas de lata, en láminas
3 cucharadas soperas de agua mineral
10 gramos de harina de trigo
5 cucharadas de aceite de oliva
20 gramos de cebolla, finamente picada
25 gramos de champiñones (o de cualquier
hongo de temporada), limpios y picados
1/2 copa de vino tinto
3 cucharadas de salsa gravy de carne

modo de prepararse

Asar en la plancha el filete de robalo.
Salpimentar las alcachofas y bañar en una mezcla
que se hace al batir el agua mineral y la harina;
freírlas hasta que queden crujientes.
En una sartén con aceite, sofreír la cebolla hasta
que esté doradita; añadir los hongos hasta que se
cocinen; incorporar el vino, dejar reducir, y luego
verter la salsa gravy de carne, sal y pimienta.
En el plato, acomodar las alcachofas en línea y
encima de ellas, en forma de cruz, el lomo de
robalo cubierto con los hongos cocinados.

Estamos en Valle y ya comienza a caer la tarde (principio bucólico). Son las cinco y después de estar unas horas con los amigos en la alberca, bajo el castigo del sol, y como resultado de nuestra inconsciencia de no llevar bloqueador, tenemos todo el cuerpo como el de un camarón y nos empieza a dar un hambre descomunal. Hay que hacer algo de comer. Lo confiamos al azar echándomos un volado y.... ¡mala suerte!, nos tocó a Diego y a mí.

(¡Ok!, les vamos a preparar una carne asada con unos choricitos que trajimos, que ni en el mejor restaurante Argentino!!). Fer nos echa una mano con el carbón del asador (que a mí jamás se me ha dado esa habilidad) mientras los demás están matando las últimas chelas del cartón antes de pasar a comer y a tomar unas copitas del vino que trajeron el bueno de Miguel y su novia. ¡¡Eso sí fue una gran idea, porque asado con cerveza es la naquez!!!

Con las panzas llenas después de unas ricas carnes, se empieza a sentir y notar más el efecto del sol en los hombros y el rostro.

— ¿Ya te viste la cara?, pareces una langosta de la Polinesia.

— ¿Y tú qué, ya te viste en el espejo?

Se antoja una rica siesta pero son casi las siete de la tarde-noche y salvo que dejemos que los mosquitos pretendan tomar el alcohol directamente de nuestra sangre, tendremos que partir hacia casa.

(¿Cómo serán las langostas de la Polinesia? Tendré que ver más seguido *Discovery*...)

Muévanse flojos!!!

comida en Valle

Rib eye a las Brasas

ingredientes

5 gramos de sal gruesa
2 gramos de pimienta negra
400 gramos de ryb eye por persona
1 cucharada de aceite de oliva

Para la guarnición
1 papa
2 cebollitas de Cambray

modo de prepararse

Salpimentar la carne y cocinar en la plancha con el aceite de oliva hasta obtener el punto deseado.

Para preparar la guarnición: Freír las papas, y hornear o freír las cebollitas.

Papas al Horno

ingredientes

papas
papel aluminio
sal y pimienta
aceite de oliva
crema agria
tocino, frito y en tiritas
champiñones
papas, machacadas
1 yema de huevo (por papa)
sal y pimienta
nuez moscada

modo de prepararse

En seguida se describen diferentes maneras de preparar papas al horno.
Envolver una papa grande y meterla bajo ceniza de leña muy caliente y en parte aún incandescente.
Servir partida por la mitad con un poco de sal y pimienta, y rociada con aceite de oliva o crema agria.
La segunda forma es, luego de horneadas, retirar la pulpa de las papas y hacer un puré con el tocino o con champiñones salteados.
Una tercera versión consiste simplemente en añadir a la pulpa machacada, una yema de huevo, sal, pimienta y nuez moscada; rellenar con esta pasta las cáscaras asadas.

Chistorra Frita
a la Navarra

ingredientes

sal y pimienta
100 gramos de chistorra
2 cucharadas de aceite de oliva

modo de prepararse

Salpimentar la chistorra y dorarla en aceite de oliva. Puede servirse sola o con el aceite en que se frió.

Ensalada Verde
con Uvas y Cacahuates con
Aderezo de Miel

ingredientes

1 lechuga romana, en trozos
1/2 jitomate, pelado y partido en cuadritos
10 uvas, sin semillas y cortadas por la mitad
1/2 aguacate, en cuadritos
1 cucharada de granos de elote
10 gramos de cacahuates, tostados y picados
1 frasco de aderezo de miel (de la marca Patricia Quintana)

modo de prepararse

En una ensaladera, colocar la lechuga, el jitomate, las uvas, el aguacate y los granos de elote.
En un bol, mezclar el aderezo de miel con los cacahuates. Rociar con éste la ensalada.

Crema de Aguacate

ingredientes

3 aguacates, pelados y sin hueso
1 cucharada de jugo de limón
750 mililitros de caldo de pollo
1 cucharada de cilantro, picado
1 cucharadita de sal
pimienta negra
125 mililitros de crema ácida

modo de prepararse

Licuar los aguacates, el jugo de limón, el caldo de pollo, el cilantro, la sal y la pimienta hasta obtener una mezcla homogénea; agregar otra taza de caldo si se prefiere más líquida.
Dejar enfriar, tapar y refrigerar. Rectificar la sazón y agregar la crema.
Servir bien fría.
Si desea, puede espolvorear cada plato con más cilantro picado.

Pimientos del Piquillo Ajillo

ingredientes

2 cucharadas de aceite de oliva
1 diente de ajo, rebanado en láminas
1 lata de pimientos del piquillo, sin semillas
sal y pimienta

modo de prepararse

En una sartén o una cazuelita de barro, calentar el aceite de oliva y añadir el diente de ajo hasta que se dore; agregar los pimientos enteros o cortados en tiras.

Suena el teléfono de tu casa; es tu hermana y te comenta que no tiene muchacha este domingo y se le ha ocurrido la súper brillante idea de organizar una comida en tu departamento con su marido, tus sobrinitos, tu hermano mayor (divorciado y amargado) y sus hijos, y ¡sorpresa!!!!, ¡convenció a tus papás también!! ¡¡Y ¿qué crees? Que quieren hablar de su testamento!!!!

Tu instinto familiar te dice: "Que padre que nos juntemos todos", pero tu instinto de supervivencia (hay que hacerle más caso a éste), te corrije: "¡Estás tonto!!!! ¿Cómo vas a juntar a tu familia? La última vez que sucedió, hace más de seis meses, terminó en batalla campal...".

Con que le dices a tu queridísima hermana:

— ¡No inventes!!!! Acuérdate de lo que pasó el bendito Día de la Madre.

Tu hermana, tan linda como siempre, te dice que "ya se han reconciliado todos", y que "si no lo intentamos ahora, ¿cuándo?".

— Ok, me parece bien, pero ¿por qué no nos vamos a echar la chorcha familiar en el Estadio Azteca, en vez de en mi departamento?

El caso es que te convencen como siempre, y todo este planecito te lo están comunicando a las doce del mediodía (esto debe ser, quizá sea, una pesadilla). Te lanzas al súper de volada y estás pensando en todas las escenas que tendrás que chutarte. Se perfila como un domingo de terror.

Tu mamá, como todas las mamás, está husmeando en tu refri para ver con qué cantidad de alimentos no sanos está su hijito alimentándose, y te ha dicho infinidad de veces qué es lo que tienes o no tienes que comer, mientras tu sólo sonríes apenado y le dices:

— ¡Mamá!!!...(cuentas hasta 10.....), le das un besito y la invitas a sentarse en el sofá prometiéndole:

— Vas a ver qué rico voy a cocinar.

Bueno, para no hacer el cuento largo todo salió de maravilla, nadie se peleó (sospecho que mi hermana les puso alguna pastillita en la cerveza, ya que nunca los vi tan tranquilos). Salvo los escuincles, que ahí sí yo, les hubiera dado un tranquilizante para que se sosegaran...

El asunto de la herencia, que prometía ser de lo más pesado, apenas comenzó y se fue cayendo hasta que cambiaron de tema. Parece que los impuestos que se deben valen más que el terreno...

Y por fin se fueron.

No sabía si ver la tele o leer un libro.

Sólo repetía en mi mente:

"No quiero ser como ellos... no quiero ser como ellos... qué bueno que no estoy casado... qué bueno que no estoy casado...".

domingo familiar

Espagueti con Tomate

ingredientes

30 gramos de pasta por niño
1 frasco o lata de salsa para pasta, al gusto
(disponible en el súper)

modo de prepararse

Cocer la pasta en suficiente agua para que la cubra. Colar
y reservar. Calentar la salsa de jitomate y agregar la pasta.

Pechuga de Pollo a la Plancha con Papas Fritas

modo de prepararse

Cocinar en la plancha las pechugas. Acompañar con papas fritas.

Para preparar la guarnición: Freír en suficiente aceite las papas hasta que queden al gusto. Escurrir en servilletas de papel y salar.

ingredientes

1 pechuga de pollo, cortada en dos y aplanada

Para la guarnición
papas, peladas y cortadas en bastones
aceite vegetal
sal

Helado de Chocolate

El postre perfecto para los niños es el helado de chocolate.

Volován Relleno de Atún
con Mayonesa y Huevo Duro

ingredientes

4 volovanes de pasta de hojaldre (comprar en la panadería o en el súper)

Para el relleno
1 lata chica de atún en aceite
1 frasco chico de mayonesa
5 aceitunas verdes, picadas
1 huevo, cocido y rallado
1 pimiento del piquillo, en cuadritos

modo de prepararse

En un bol, mezclar el atún, ya escurrido, con la mayonesa, las aceitunas, el pimiento del piquillo y la ralladura de huevo; salpimentar si es necesario. Rellenar los volovanes con esta pasta.

ADULTOS

Tortilla Española

ingredientes

aceite de oliva
40 gramos de papas, en cuadritos
10 gramos de cebolla, en cuadritos o tiritas
4 huevos
Sal y pimienta

modo de prepararse

Freír en abundante aceite, a fuego mediano, las papas, sin que se doren.

Sofreír la cebolla hasta que esté muy blandita. (A mí me gusta cocinada pero también puede comerse cruda, según el gusto.)

En un bol, batir los huevos e incorporar las papas, que se pueden machacar con el huevo (como hacía mi abuela) o no; añadir la cebolla y sazonar.

En una sartén con aceite caliente, vaciar la mezcla y mezclar; reducir el fuego y cocer por tres minutos antes de darle la vuelta; para ello, colocar un plato en la parte superior, girar la sartén, de modo que la tortilla quede en el plato, y regresar a la sartén, por otros cuatro minutos. (Si eres un experto, o quieres ser *chef*, puedes probar dándosela al aire; a mí, la mitad se me queda en el techo.)

Puede cocinarse durante más tiempo si nos agrada bien hecha; es mejor cuando queda un poco tierna en el centro.

Hay quien gusta de añadirle otros ingredientes de su preferencia, como jamón serrano, pimientos tanto rojos como verdes, etcétera.

Carpaccio de Res

modo de prepararse

Cortar la carne muy fina y distribuirla en un plato; salpimentar y disponer encima la cebolla; bañar con el aceite de oliva y espolvorear el queso parmesano.

Si desea, puede incorporar al platillo alcaparras y huevo duro, o cambiar las especias por otras que nos agraden más.

ingredientes

250 gramos de caña de filete, congelada y limpia
sal y pimienta
15 gramos de cebolla, finamente picada
4 cucharadas de aceite de oliva
15 gramos de queso parmesano, rallado
alcaparras, picadas (opcional)
huevo duro (opcional)

Gaspacho Andaluz

ingredientes

Para 4 personas

250 mililitros de agua
1/2 bolillo
1 cebolla, picada
1 pepino, picado
4 pimientos verdes, picados
1 kilo de jitomate maduro, sin piel ni semillas y picado
4 dientes de ajo, picados
pan frito en daditos (crutones)

Para la vinagreta
100 mililitros de aceite de oliva
2 cucharadas de vinagre blanco
sal y pimienta blanca

modo de prepararse

En un bol, mezclar la vinagreta, el agua, el pan en trozos y todos los ingredientes vegetales; macerar unas dos horas en el refrigerador. Licuar y colar.

Servir en tazones fríos, con un poco de los mismos ingredientes en cuadraditos; adornar con cuadritos de pan frito.

Para preparar la vinagreta: Incorporar batiendo el aceite, el vinagre, la sal y la pimienta.

Calamares en su Tinta

modo de prepararse

Ya con los calamares preparados, introducir el relleno, moderadamente (porque cuando se cocinan reducen un poco), y cerrar con un palillo.

Aparte, en una cazuela a fuego muy bajo, rehogar en poco aceite las cebollas, los dientes de ajo, los jitomates, el pimiento verde y el perejil. Después de un rato, aumentar el fuego y agregar los calamares para que tomen color. Cocinar otro par de minutos.

Incorporar los sobres de tinta disueltos en una taza de agua; sazonar y bajar a fuego muy tenue para que se cocine lentamente.

Comprobar que los moluscos estén en el punto medio: ni duros ni blandos; reservar. Pasar la salsa por un colador chino.

Reincorporar los calamares a la salsa, rectificar de sal y dejar que dé un último hervor.

Para preparar los calamares: separar la cabeza y las patas del cuerpo, y a éste, quitarle la pluma y la telilla, tanto exterior como interior. Lavar con esmero, cortar las aletas. Picar las patas y las aletas.
Hacer lo mismo con cada una de las piezas.

Para preparar el relleno: Saltear en una sartén con un poco de aceite, el picadillo de las aletas y las patas de los moluscos con la cebolla, el diente de ajo y el perejil. Dejar enfriar.

ingredientes

Para 3 raciones

24 calamares pequeños (chipirones)
aceite
2 cebollas grandes, picadas
4 dientes de ajo, picados
2 jitomates pequeños, picados
1 pimiento verde, picado
2 ramas de perejil, picadas
3 sobres de tinta de calamar
sal

Para el relleno

aceite
1 cebolla, finamente picada
1 diente de ajo, finamente picado
perejil, finamente picado
sal

cenas

Remedio perfecto para la friega del lunes (gracias, amigos gringos, por este invento).

Como a las cuatro de la tarde te llega un fonazo a tu oficina.

— ¿Qué onda? Nos vemos a las 7:30 en tu depa. Vamos una bandita (bandita = 5 o 6 cuates).

Obviamente es Lucas, el amigo desmadroso que todos tenemos y que no perdona el fut del lunes con los cuates. Y tú piensas que te va a caer de gloria después de la súper friega que ha sido ese día, arreglando los problemas que el inepto de tu jefe ha causado, está causando y seguirá causando.

Pero hay un problema: ¿Qué les doy de tragar a estos trogloditas? El pasado *monday night* en el depa de Bernardo comimos unas papas horribles, y para el segundo tiempo, después de una ingesta regular de chelas (combustible que nunca puede faltar), tuvimos que hacer una vaquita para pedir una pizza. La casa se tornó de varios colores por dondequiera que fuera, los sofás decorados con peperoni y al techo aún le quedan algunas anchoas de cuando Paco saltó en la segunda anotación de los Acereros de Pittsburgh.

Ahora que lo pienso, me queda muy claro que no es lo que pretendo para mi depa esta noche. Además, ese deporte tartamudo, que avanzan y paran y vuelven a avanzar y a parar, me pone nervioso...

monday night fut

Taquitos Dorados

ingredientes

Para 6 personas

1 litro de agua
1/2 kilo de pechuga de pollo,
en cuadritos
3 pimientas negras
1 diente de ajo
sal
3 cucharadas de cilantro
picado
1 cebolla picada
20 tortillas de maíz
aceite para freír

modo de prepararse

En una cacerola con agua, cocer
la carne con la pimienta, el diente
de ajo y la sal. En cuanto suelte el
hervor, bajar el fuego para que se
cocine suavemente; tapar y cocer
durante 30 minutos hasta que la
carne esté tierna. Retirar del fuego,
dejar enfriar y desmenuzar la carne.
Mezclar el cilantro con la cebolla,
salar e incorporar la carne.
Rellenar cada tortilla con una
cucharada copeteada de carne
sazonada, asegurarla con palillos y
freír en abundante aceite.
Servir con guacamole.

Haburguesa Picante *Home Made*

ingredientes

Para 4 personas

480 gramos de carne magra de res, picada
1 chile verde, picado
1 diente de ajo, machacado
1 cucharada de curry molido
1 huevo, batido
1/2 cebolla pequeña, picada
sal y pimienta
aceite vegetal
4 rebanadas de queso para fundir
12 rebanadas de tocino
4 hojas de lechuga, en juliana
4 rebanadas de jitomate
4 bollos

modo de prepararse

En un cuenco, mezclar la carne, el chile, el ajo, el curry, el huevo, la cebolla, sal y pimienta.

Formar cuatro hamburguesas y freírlas por ambos lados en una sartén con aceite. Fundir la rebanada de queso encima de la carne. Reservar.

En la misma sartén, freír el tocino y ponerlo sobre el queso de la hamburguesa.

Calentar el bollo y rellenarlo con la carne, el queso fundido y el tocino, encima lechuga y una rebanada de jitomate.

Puede aderezarse con salsa catsup, mayonesa o mostaza, o todo combinado.

Pizza con todo el Refri

ingredientes

1 masa de pizza individual natural
(se adquiere en el súper)
3 cucharadas de puré de jitomate
25 gramos de jamón York, en cuadritos
5 gramos de aceitunas verdes, deshuesadas
y en rodajas
5 rebanadas de peperoni
2 rebanadas de jamón serrano, troceadas
4 filetes de anchoas, picados
4 rebanadas de queso tipo manchego

modo de prepararse

Colocar sobre la masa natural el puré de jitomate
esparciéndolo uniformemente; agregar todos los
ingredientes de manera que queden acomodados;
finalizar con la capa de queso.
Hornear a 140 °C durante 20 minutos, programar el
horno para gratinar por cinco minutos.

Es increíble cómo cambian las cosas en materia de conquistas amorosas cuando pasamos del "momento indicado" a la frialdad de un día cualquiera. Les explico para no parecer un orate: la otra noche conocí a Mónica (ella dice que se llama Monique, pero nació en un pueblito perdido de Oaxaca). Estábamos súper prendidos en un antro y me dio el teléfono de su casa. "Cuando quieras...", me dijo, acomodándose el flequillo por donde filtraba su mirada asesina. La verdad es que me llama mucho la atención y le quiero echar un fonazo. Es para ver qué tal, bla bla bla, y para invitarla a cenar mañana o pasado.

Lo que pasa es que la pena me invade. Es extraño porque el otro día en el antro, bueno... la lengua la tenía sueltísima y se hilaban los temas uno detrás del otro, pero ahora, con el teléfono en la mano y la servilleta del bar donde anoté su numero estoy paralizado: ...le digo esto..., le digo lo otro... me aclaro la voz mil veces. Ahjjjj, ya no me soporto.

De pronto suena el teléfono. Es Juan, que tiene que platicarme "mil cosas" de su vida. Se ligó a una amiga de Mónica, y me pregunta si he quedado con ella para cenar o para comer algún día. Cuando le explico toda mi situación de inesperada timidez, bueno, empieza toda una letanía de cómo tengo que actuar para conquistar a una chava. Cuando por fin puedo colgarle, me armo de valor para llamar a Mónica pero me doy cuenta de que son las 11.30 pm, y ahora sí que no es hora de llamar a nadie.

Mañana será otro día y si aún me acuerdo de "Monique" (que tontería cambiarse el nombre con su espléndida belleza indígena) espero que esté más inspirado para invitarla a salir.

Por el momento sólo la pienso mientras me hago algo rico de cenar.

le hablo o no le hablo

Ensalada Templada de *Foi Gras*

ingredientes

Para 4 personas

1 manzana, sin el centro y partida
en rodajas
200 gramos de *foie gras* (lata cilíndrica)
15 gramos de azúcar
1 lechuga romana, en juliana
16 espárragos

Para la vinagreta

6 cucharadas de aceite de oliva
1 cucharada de mostaza de Dijon
2 cucharadas de vinagre
de Módena
sal y pimienta

modo de prepararse

Sobre una rodaja de manzana, colocar una rebanada de paté (se
calculan 50 gramos por persona), tapar con azúcar y quemar para que
se dore.
Cocer los espárragos a la plancha.
En un plato, disponer los espárragos, encima la lechuga en un extremo
y sobre ésta la manzana con el paté caramelizado; bañar con la
vinagreta.
Puede decorarse con una cuantas frambuesas o puré de manzana.

Para preparar la vinagreta: Batir en un bol el aceite de oliva, la mostaza,
el vinagre, un poco de sal y pimienta hasta que quede una mezcla
homogénea.

Pámpano en Salsa Verde
con Almejas

ingredientes

Para 2 personas

2 filetes de pámpano de 200 gramos cada uno,
 limpios y sin espinas
1 cucharada de aceite de oliva
2 dientes de ajo, finamente picados
1 cucharada de perejil, picado
1/2 cucharada de harina de trigo
12 almejas
100 mililitros de agua
sal

modo de prepararse

Limpiar con un trapo los lomos y sazonarlos.
En una sartén a fuego lento con aceite, saltear
los dientes de ajo, la mitad del perejil y un poco
de harina hasta que empiecen a tomar color.
Incorporar los filetes, con la piel hacia arriba, las
almejas y el agua; cocer durante tres minutos.
Voltear el pescado y dejar cocinar, removiendo,
hasta que se abran las almejas.
En el plato, acomodar el pescado con seis
almejas y cubrir con su salsa; para finalizar, espolvorear con el resto del perejil.

Copa de Vino Tinto

¿la beso?

Así fue, al día siguiente la recordé, me inspire y le hablé. Quedamos de cenar en mi depa el jueves. Aunque me encantaría besarla debo mostrar que no tengo prisa para desayunar con ella en la cama. Al fin y al cabo la cama no se hizo para desayunar. Le pedi a Juan que organice una salida todos juntos al antro y aprovechando esa situación llamo a Mónica para proponerle que cenemos los dos en mi depa y así platicar un rato juntos.

Me esmero en preparar una cena (la verdad me queda de chuparse los dedos) y estoy contentísimo. Tengo una mesa preciosa que he montado con la ayuda de mi hermana, quien telefónicamente, mientras acostaba a su jauría de niños, me explicó cómo poner las cosas bonitas y no olvidarme de las flores (la verdad que para esas cosas mi hermana se las pinta solas). Pero como olvidó detallarme las diversas variantes del famoso "lenguaje de las flores" preferí elegir unas rosas suavezonas para no meter la pata.

La pasamos increíble (hasta se me movió el tapete). Ya para el postre Mónica se paró de la mesa y me plantó un beso, dándome así las gracias por haber organizado esa cena tan especial.

¡¡¡¡Bingo!!!!!! Ya tengo el primer beso de la mujer de mis sueños, y antes de que se me ocurriera cualquier otra cosa, vi mi reloj, que marcaba las 11:30, y era hora de irnos al antro con Juan.

Nos subimos al coche riéndonos de todo lo que pasaba y no pasaba, porque sí y nada más, sin ton ni son.

Prometía ser una noche sensacional.

Mojito

ingredientes

Para 2 copas

1 onza de jugo de limón
1 onza de jarabe natural
3 ramas de hierbabuena fresca
1 onza de ron tostado
agua mineral

modo de prepararse

Servir todos los ingredientes en dos vasos *old fashion* y terminar de llenarlos con agua mineral.

Mil hojas de Papas con Carpaccio de Atún y Chile Guajillo

ingredientes

1 papa grande, en rodajas finas
aceite vegetal
tomillo
80 gramos de filete de atún, congelado y en rodajas
sal y pimienta
2 cucharadas de mostaza de Dijon
10 gramos de chile guajillo
100 mililitros de aceite de oliva

modo de prepararse

En una sartén a fuego medio con aceite, colocar las papas, aromatizadas con tomillo, hasta que se cocinen sin que se doren.

En el interior de un molde con forma de aro, hacer capas sucesivas poniendo una rodaja de papa, una de atún, sal y pimienta hasta llenar el molde; agregar una cucharada de mostaza encima. Meter en el horno a gratinar por medio minuto (sólo para que se caliente).

En un bol, incorporar el chile con el aceite de oliva; cubrir el pastelito con este aderezo, que le dará un tono rojizo y cierto sabor picante.

Soufflé de Chocolate

ingredientes

Para 20 raciones

700 gramos de chocolate
18 huevos
175 gramos de mantequilla
harina de trigo

modo de prepararse

Fundir el chocolate a baño María.
Separar las yemas de las claras y batir estas últimas a punto de nieve.
Fundir la mantequilla a baño María o en el horno de microondas por unos segundos.
Incorporar la mantequilla a las yemas y, sucesivamente, el chocolate; en seguida, mezclar de manera envolvente con las claras montadas, con mucho cuidado para que éstas no se bajen.
Verter 3/4 de esta mezcla en moldes individuales previamente untados con mantequilla y espolvoreados de harina. (Se llenan por debajo de su capacidad porque la masa crece durante la cocción.) Hornear por 15 minutos a 180 °C.

Magret de Pato con
Salsa de Arándanos

ingredientes

Para 2 personas

sal y pimienta
2 *magrets* de pato
aceite de oliva

Para la salsa
1/2 litro de agua
100 gramos de arándanos rojos

modo de prepararse

Salpimentar la carne por todas sus caras.
En una sartén con poco aceite de oliva (pues el pato es muy grasoso), cocinar hasta dejarlo al gusto.

Para preparar la salsa: En una cazuela tapada, cocer en agua los arándanos rojos. Escurrir y pasar por un colador fino para obtener un puré. Incorporar más agua si se desea más líquida.

el gran paso

Bueno, después del otro día en el antro, Mónica accedió a salir a dar una vuelta por la ciudad. Nos la pasamos genial, de manita sudada por todos lados; fuimos al centro, que hacía un buen rato que no íbamos ni ella ni yo, nos metimos en un par de museos, pedimos una botana y unos *drinks* en el bar La Ópera (le narré la historia de la famosa cantina, que me la conozco bien porque éramos vecinos), y luego la llevé a su casa porque tenia unos asuntos pendientes que hacer con su mamá... Y cuando nos despedíamos me preguntó si nos veíamos más tarde para seguir platicando.

— ¿A las 10?— le pregunté.

— Perfecto— respondió.

Éste tiene que ser mi día de suerte (pensé) pero tengo un pequeño problema: mi depa está hecho un desastre total: es más, aún no termino de limpiar los platos de la cenita del otro día con la propia Mónica. Va a pensar que soy un inepto, un negligente.

Arreglo todo el depa a la velocidad del rayo y aprovecho para preparar algo de cenar (la verdad es que quiero algo más que cenitas...).

Cuando dan las 10 llega Mónica con una botella de Chianti en la mano y cara de pícara. Yo sabía que, desgraciadamente, todo lo que cociné no serviría para nada.

— ¿No quieres cenar algo?—, le pregunto, y con esa misma carita picarona con la que se presentó me insinúa que no tiene hambre y que mejor nos tomamos el vino con un poco de música.

— *La musique*—, pensé yo. No sé por qué me dio por pensar en francés...

— ¡¡¡Ok!!!—, le contesté, antes que fuera demasiado tarde...

Procedí a poner un tono de luz más acorde a la situación, le abrí la ventana a mi gato para que saliera a cazar ratones y la verdad es que también a mi se me quito el hambre, y preferí guardarlo para el desayuno.

Metí todo en el refri y... (¡¡¡luego les cuento!!!).

Lágrima de Mousse de
Chocolate con Cerezas

ingredientes

Para 12 raciones

Para las lágrimas

200 gramos de chocolate negro, rallado
12 rectángulos de 4 x 11 centímetros
de papel encerado o acetato

Para el *mousse*

60 gramos de chocolate amargo para repostería, derretido
1 cucharada de crema para batir
1 yema de huevo
80 mililitros de crema para batir (adicional)
1 clara de huevo
1/2 cucharadita de grenetina
150 gramos de cerezas sin hueso, escurridas

modo de prepararse

Para preparar las lágrimas: Fundir a baño María el chocolate; ya líquido, con la ayuda de una espátula, extender el chocolate sobre el papel o acetato. Cuando el chocolate empiece a endurecerse, darle forma de lágrima al presionar con los dedos o, en su defecto, colocar un clip para que se sostenga. Enfriar sobre un plato en el refri durante cinco minutos, para que el chocolate se endurezca.

Para preparar el *mousse*: Fundir el chocolate con la cucharada de crema para batir, añadir la yema de huevo. Reservar.
En un bol, batir la crema con la clara de huevo hasta que esponjen.
Hidratar la grenetina en un poco de agua y calentar a baño María o en horno de microondas apenas para que se haga líquida; mezclar con el chocolate hasta obtener una consistencia tersa; incorporar el batido de crema y clara, muy lentamente para que no se baje.

Para servir, retirar el papel de las lágrimas, rellenar con un poco de *mousse*, poner en el centro media cereza y completar con otra capa de *mousse*.

Ensalada de Queso de Cabra con Salsa de Uvas

ingredientes

Para 4 personas

2 jitomates guajes, en rodajas
200 gramos de queso de cabra con ceniza, en rodajas

Para la salsa
100 mililitros de aceite de oliva
1 cebolla pequeña, en juliana
50 gramos de uvas rojas
1 taza de caldo de pollo
1 lechuga romana, en juliana

Para la vinagreta
aceite de oliva
250 mililitros de vinagre blanco
1/2 cucharadita de mostaza
sal y pimienta

modo de prepararse

Intercalar en capas las rodajas de jitomate y queso de cabra. Hornear por cinco minutos a temperatura baja.

Para montar la ensalada, acomodar en un plato la lechuga aderezada con la vinagreta, colocar la pila de queso y jitomate, y, por último, cubrir con la salsa de uvas.

Para preparar la salsa de uvas: En una sartén con aceite de oliva, colocar la cebolla para que se cocine, sin dorarse; añadir las uvas y cocer hasta que la fruta esté muy deshecha; agregar el caldo de pollo.

Colar la salsa, regresarla a la lumbre y dejar cocer 10 minutos más.

Para preparar la vinagreta: Mezclar aceite de oliva, vinagre, mostaza, sal y pimienta; batir hasta lograr una textura homogénea.

Brocheta de Atún con Jitomate y Salsa de Duraznos

ingredientes

Para 4 personas

4 brochetas de madera (de 15 centímetros)
80 gramos de atún, cortado en ocho partes
8 jitomates cherry
sal y pimienta
aceite de oliva

Para la salsa
1/2 taza de caldo de pollo
1/4 de frasco de mermelada de duraznos

modo de prepararse

En cada brocheta, ensartar un trozo de atún e intercalar con los jitomates cherry. (Deben ser cuatro piezas de cada uno.) Salpimentar y freír en aceite de oliva.

Para preparar la salsa: Calentar el caldo de pollo, agregar la mermelada de duraznos y cocer a fuego bajo hasta que se obtenga una consistencia espesa.

Chuletitas de Cordero con Habitas a la Menta

ingredientes

Para 2 personas

1 papa mediana, pelada
2 brochetas de madera (de 15 centímetros)
aceite de oliva
2 racks de cordero (de seis chuletitas cada uno)
sal y pimienta
4 cucharadas de pasta de ajo
3 cucharadas de perejil, picado

Para la guarnición
60 gramos de habitas peladas
4 cucharadas de jalea de menta, de frasco
1 cucharada de caldo de res

modo de prepararse

Sacar dos cubos más bien alargados de la papa; asar en la plancha por todas sus caras hasta que tomen color; completar la cocción en el horno.

Insertar cada trozo de papa en una brocheta de modo que queden centrados.

Salpimentar y untar con la pasta de ajo y el perejil los racks de cordero.

En una sartén con aceite caliente, freír la carne por ambos lados hasta que se dore.

Colocar los racks en una bandeja y hornear a 175 °C por cinco minutos. Su interior debe quedar un poco rosado.

Para montar el plato, colocar en la parte superior la brocheta de papas; sobre ella apoyar el rack de cordero (que también puede cortarse en chuletitas, colocadas todas juntas o intercaladas). Salsear con la jalea.

Para preparar la salsa: Hay dos maneras. Servir la jalea de menta directo del frasco (como gelatina) o, en una sartén con aceite, saltear las habitas previamente cocidas, añadir la jalea de menta diluida en el caldo de res y con este preparado salsear las chuletitas de cordero.

Julio propone una cena de parejas y, para fregar, empieza alabando mis nociones culinarias (que he tenido que aprender por culpa de ellos) y propone que hagamos una cena en mi depa; yo pongo una sonrisita forzada y él recibe una tremenda patada por debajo de la mesa de mi parte.

Las chavas se excusan para retirarse un momento al baño, y le digo a Julio:

— Qué gracioso, "Melenas" (su apodo), ¿por qué no lo hacemos mejor en tu casa?!!!!

— ¡Qué te pasa, no la hagas de tos!!!! Mónica es la culpable de tu reputación de chef (no es nada tonto y sabe que tu orgullo es tu perdición), y tú todavía te haces de rogar.

— No me fastidies, ¿una cena en casa? Mi muchacha está de vacaciones y luego todo es un tiradero.

— Mejor en tu casa, Julio.

— ¡Si, claro! ¿Y qué quieres que les dé, papas y chelas?

En ese momento las niñas regresan del baño, y cuando se sientan lo primero que dice Mónica es:

— ¿En en tu depa verdad?

Con esos ojitos verdes y ese tonito sensual, ¿qué se le puedo decir?

— Ok, pero Julio trae el postre y tú Mónica te quedas a poner orden...

Ni modo. Si no fuese porque viene Mónica les cocinaría algo francamente horrible, a ver si de una vez por todas dejan de montarme cenitas en el depa...

de parejas

Black Martini

ingredientes

Para 2 copas

4 onzas de jugo de moras negras
2 onzas de ginebra
6 hielos
coctelera

modo de prepararse

Licuar las moras; colar.
En la coctelera, verter el jugo de mora,
la ginebra y los hielos; agitar y colar.

Huachinango a la Sal

ingredientes

Para 2 raciones

sal gruesa en abundancia para
cubrir el pescado
1 huachinango de 1/2 kilo , limpio

modo de prepararse

En una charola, distribuir suficiente sal gruesa como para que
le sirva de cama al pescado y también lo cubra por completo.
(El pescado puede perfumarse rellenándolo de hierbas de olor
como tomillo, laurel, romero, etcétera.)
Hornear a 180 °C durante 25 minutos.
Como guarnición puede servirse cualquier tipo de verduras
cocidas y arroz blanco hervido; le va muy bien el arroz silvestre.

ingredientes

10 sardinas frescas, limpias y en filetes
(para dos timbales)
sal y pimienta
1 limón (el jugo)
2 cucharadas de aceite de oliva
2 cucharadas de vinagre blanco
1 pimiento verde
1 pimiento rojo
1 berenjena pequeña

Para el paté
1/2 frasco de aceitunas negras,
sin hueso
aceite de oliva
1 yema de huevo
sal y pimienta

modo de prepararse

En un recipiente, acomodar los filetes de sardina; salpimentar; añadir el jugo de limón, el aceite de oliva y el vinagre; marinar durante unas horas. Lavar y reservar.

Hornear los pimientos y la berenjena a 120 °C por media hora; pelarlos y cortarlos en tiritas; añadir un poco de aceite de oliva. Reservar.

Para preparar el paté de aceitunas negras: En la licuadora, hacer un puré con las aceitunas y un poco de aceite de oliva; verter la mezcla en un bol y adicionar la yema de huevo, mezclando bien; salpimentar.

En un molde rectangular, colocar una sardina abierta en dos filetes con la piel tocando el fondo, seguida de una capa de pimientos con berenjena, y así sucesivamente. La última capa debe ser de verduras.

Desmoldar y forrar con el paté. Gratinar por unos minutos.

Timbal de Sardinas Marinadas con Pimientos Asados y Paté de Aceitunas Negras

Hoy sonó el celular y la gran novedad del día: mi cuate Mario, que vive fuera, estará unos días de visita. Rápidamente organizo una cena en el depa y aviso a toda la banda.

Llamo a todos los cuates (para que no falten y cooperen con las bebidas). El plan es que después de estar en casa un rato cenando nos vayamos a algún lugar de copas (o eso es lo que estoy pensando yo... sorpresas te da la vida).

Ya es la hora y aparece Mario. Poco a poco van llegando todos y la verdad es que estamos súper contentos de volverlo a ver. Toda la velada transcurre entre risas y anécdotas y la pasamos recordando las miles de babosadas que hicimos cuando estábamos todos juntos y éramos felices, indocumentados y solteros... Obviamente se puso al tanto a Mario del día que me ligué a esa chica poco agraciada (¡ja ja já!) y lo cierto es que todo el ambiente se desarrolló en un tono genial. Hasta que da la hora crítica, la hora de "o nos largamos de casa o se quedan hasta el desayuno", y te ganas otra regañadita de tu vecinita de mil años reprimida.

Al final nos dio mucha flojera salir y ver a la misma gente de siempre: idéntica bola de borrachos irresponsables como nosotros, conocidos y aburridos. Dejaremos pasar un tiempo. Otro día nos iremos de reventón a ver si se renueva un poco la fauna.

de cuates

Gorditas de Frijol

ingredientes

8 tortillas de harina
2 tazas de queso manchego
1 taza de elotitos
2 cucharadas de cebollina
1 pechuga de pollo

modo de prepararse

Amasar incorporando muy bien la masa de maíz, el queso, los chiles y los frijoles.

Con esa masa, hacer unas gorditas del tamaño que se desee; freírlas en aceite caliente hasta que se doren un poco. Retirar y escurrirles el aceite.

Para servir, aderezar con lechuga bien picada; bañar con la crema y agregar salsa picante al gusto.

Garnachas

ingredientes

750 gramos de masa de maíz nixtamalizada
4 huevos
aceite para freír
sal
1 cebolla, picada
1 taza de requesón

Para la salsa
10 tomates
2 dientes de ajo
chiles serranos

modo de prepararse

Incorporar agua a la masa para suavizarla, si es necesario.

Hacer unas tortillas alargadas, en forma de huarache, y cocerlas en un comal.

Batir los huevos con tres cucharadas de agua; freírlos en poco aceite y a fuego muy bajo.

Cubrir las garnachas con la salsa, la cebolla, el requesón y, por último, una porción de huevo revuelto.

Para preparar la salsa: Licuar los tomates, los chiles y el ajo. Sazonar.

Papadzules

ingredientes

6 huevos
18 tortillas pequeñas

Para la salsa de pepita
1 taza de pepitas de calabaza
(limpias o molidas)
1 rama de epazote
manteca de cerdo
sal y pimienta
2 tazas de caldo de pollo

Para la salsa de jitomate
3 jitomates, asados y pelados
4 chiles verdes
aceite vegetal
1/2 cebolla, finamente picada
sal y pimienta

modo de prepararse

Cocer los huevos durante 10 minutos; pasarlos por agua fría, pelarlos y picarlos.
Pasar las tortillas por la salsa verde, rellenar con el huevo picado y envolver en forma de taco. Salsear con ambas salsas.
Pueden acompañarse con lechuga en juliana, rábanos en rodajas y una salsa de chile habanero.

Para preparar la salsa verde: Dorar ligeramente las pepitas y licuarlas con el epazote en un poco de agua.
En una cacerola con manteca, freír la mezcla; salpimentar y añadir el caldo de pollo.

Para preparar la salsa de jitomate: Moler los jitomates con los chiles. Reservar.
Acitronar en aceite la cebolla e incorporar el licuado de jitomate; cocinar hasta que la salsa espese. Salpimentar.

Chalupitas de Cochinita

ingredientes

Para 15 raciones

45 chalupitas
3 kilos de lomo de cerdo
hojas de plátano y roble
2 cebollas moradas, finamente picadas
chile molido
4 jitomates, picados
1 naranja (el jugo)

Para el adobo
40 gramos de pasta de achiote
5 naranjas agrias (el jugo)
4 dientes de ajo
10 pimientas negras
1/4 de cucharadita de cominos
sal

modo de prepararse

Untar el lomo de cerdo con el adobo y dejar reposar toda una noche.

En un recipiente, acomodar en el fondo algunas hojas de plátano, encima la carne adobada, cubrir con suficientes hojas de roble y, por último, cerrar la envoltura con hojas de plátano.

Cocer a fuego lento en una olla exprés durante dos horas.

Servir con la cebolla, el chile y el jitomate remojado en el jugo de naranja.

Rellenar las chalupitas.

Para preparar el adobo: Diluir la pasta de achiote en el jugo de las naranjas (debe quedar bien espeso). Asar los dientes de ajo y licuarlos con las especias y el achiote disuelto. Salar.

Sopa de Flor de Calabaza

ingredientes

Para 6 raciones

1 kilo de flor de calabaza
2 jitomates, sin piel ni semillas y picados
1 cebolla, picada
1 diente de ajo, picado
1 cucharada de aceite vegetal (o manteca)
2 litros de caldo de pollo
1 elote desgranado
6 calabacitas tiernas, en cuadritos
1 kilo de flor de calabaza
6 calabacitas tiernas, en cuadritos
1 rama de epazote
1 cucharada de harina de maíz nixtamalizada
2 cucharadas de manteca de cerdo
sal y pimienta
1 chile poblano, asado, pelado y desvenado

modo de prepararse

Quitar los pistilos y los tallos a las flores de calabaza. En una sartén con aceite (o manteca) freír las flores, el jitomate, la cebolla y el ajo; añadir el caldo y los granos de elote, y dejar que dé un hervor; agregar las calabacitas y el epazote.

Con la masa hecha de harina de maíz, la manteca y sal, elaborar unas bolitas en forma ovoide (semejantes a una nuez moscada); verterlas en la sopa hirviendo hasta que se cuezan.

Para servir, agregar a la sopa el chile poblano cortado en rajitas muy delgadas.

Pollo con Mole

ingredientes

1 pollo, en piezas
3 ajos
1 cebolla

Para el mole
6 chiles anchos
2 chiles mulatos
3 dientes de ajo
2 cucharadas de ajonjolí tostado
2 hojas de laurel
2 clavos de olor
4 pimientas gordas
1 rajita de canela
1 cebolla
1 bolillo, rebanado y frito
1 tablilla de chocolate
1 tortilla dorada
4 cucharadas de manteca de cerdo
sal
caldo de pollo

modo de prepararse

Cocer las piezas de pollo en agua con ajo y cebolla.

Para preparar el mole: Remojar los chiles en agua caliente y moler con los ajos, el laurel, el ajonjolí, los clavos, las pimientas gordas, la canela, la cebolla, el bolillo frito, el chocolate y la tortilla dorada.
Freír la pasta resultante en manteca caliente, salar y agregar el caldo suficiente para que aún quede espesa.
Incorporar la carne cocida y servir.

papás compromiso

— Oye hijito, ¿que tal si nos invitas a mí y a tu madre a cenar a tu departamento?

Qué descaro... Nunca avisan con tiempo. Te agarran en curva porque es viernes y ya tenías algún plan, mejor dicho "un verdadero programa", con damas arduamente trabajadas y convencidas, pero le dices:

— Claro que sí, papá— ya que es compromiso de buen hijo DECIR QUE SÍ A TODO.

Y para que no queden dudas, añades:

— Es más papá, te iba a hablar para invitarlos a ustedes, pero me ganaste.

— Nos vemos a las 8 pm.

— ¡Ok!

Lo primero que haces es hablarle a la muchacha que te ayuda con la limpieza para decirle que le saque brillo a la casa (lo último que quieres oír de tu madre es que vives como un cerdo). Y peor aún sería que, al ver tu desidia, te mande a su muchacha para que ande traficando chismes de cómo vivo o no vivo, con quién me veo, y demás detalles impresentables.

Procedes a ir a comprar el vino tinto Malbec que le gusta a tu papá y las trufas de postre para tu madre. También tienes que poner flores, para que luego no te estén molestando con que tienes que encontrar una mujer decente de buena familia... una rica heredera... o una señora de su casa (aunque sea separada, divorciada, viuda o, peor aún, ¡soltera!) para que te cuide y te apapache... De todos modos sabes que te van a insistir con que tienes que sentar cabeza... de una vez por todas, ya que a este paso te quedaras como tu primo, soltero (y la verdad que el cuate se lo pasa de maravilla). Pero bueno, lo cierto es que puedes hacer lo que sea, que el rollo siempre será el mismo (una madre siempre será una madre y eso es bueno porque cuando no la tienes extrañas sus sermones y letanías).

Transcurre toda la velada con los consejos de tu mamá, a lo que tu padre sólo dice que sí, que tu mamá tiene toda la razón del mundo.

Pongo todo mi empeño para agasajarlos sabiendo que a papá únicamente le gusta la cocina de mi madre. Me di cuenta de eso cuando rechazó unos chiles en nogada superlativos que le sirvieron en la Fonda de Santo Domingo.

— Este platillo no se prepara así, declaró solemnemente, ante el asombro de los meseros y del chef, que llegó desde la cocina a conocer al primer cliente que objetó su trabajo en el último cuarto de siglo.

Bueno, después de la cena, eso sí, tienen la súper prudencia de irse temprano, ya que es viernes y tu madre se da cuenta que contestaste el teléfono mil veces para quedar en algo y a todos les estás dando largas.

Gracias papás por ser como son. No se mueran nunca...

Mejillones al Vino Blanco

ingredientes

Para 2 personas

2 cucharadas de aceite de oliva
1/2 cebolla grande, finamente picada
15 gramos de harina de trigo
1 copa de vino blanco (mejor si es bueno)
1 taza de caldo de pescado
400 gramos de mejillones limpios
perejil picado
sal y pimienta blanca

modo de prepararse

En una cazuela con aceite, acitronar la cebolla, añadir la harina de trigo y cocer por tres minutos, sin dejar de mover; agregar el vino blanco y el caldo de pescado, removiendo constantemente para que no se formen grumos; incorporar los mejillones. Tapar la cacerola y cocer por cinco minutos más (hasta que los mejillones se abran).
Añadir el perejil y rectificar la sazón. Servir de inmediato.

Sopa de Alcachofas en Copa Jerezana

ingredientes

Para 4 personas

6 alcachofas pequeñas, sin tallo ni hojas duras
250 mililitros de agua
1 cucharada de aceite de oliva
5 gramos de harina de trigo
sal y pimienta
20 gramos de jamón serrano, en juliana
1 rebanada de pan, en daditos (crutones)
1 hoja de menta (opcional)

modo de prepararse

En una olla con el agua, cocer las alcachofas con el aceite de oliva y la harina; licuar añadiendo agua de la cocción hasta obtener un puré con el espesor deseado. Salpimentar y guardar caliente.
En una sartén, freír el jamón serrano hasta que quede crujiente; allí mismo, freír los daditos de pan.
Para servir, colocar en una copa el jamón y los crutones; verter encima la sopa de alcachofas.
Puede decorarse con una hoja de menta.

Lasaña de Jaiba con Bechamel de Hongos

ingredientes

Para 2 personas

8 hojas de lasaña (se adquiere en el súper o en tiendas especializadas)
queso rallado

Para el relleno
3 cucharadas de aceite de oliva
1 cebolla mediana, picada
1 zanahoria, en cuadritos
1 poro, picado
2 jitomates grandes, sin piel ni semillas y picados
250 gramos de pulpa de jaiba limpia (se consigue congelada
en el mercado o en el supermercado)
1/2 taza de caldo de pescado
sal y pimienta blanca

Para la salsa bechamel
1 sobre para preparar salsa bechamel (se consigue en el súper)
hongos, picados
aceite de oliva

modo de prepararse

Cocer en agua las hojas de lasaña; en dos pequeños moldes rectangulares poner capas de la pasta y el relleno. La primera capa, en el fondo del molde, debe ser de pasta, y la última, de relleno. Desmoldar la lasaña, espolvorear un poco de queso rallado y gratinar en el horno a temperatura alta durante unos minutos.

Para preparar el relleno: En una cacerola con aceite de oliva, saltear todas las verduras; cuando estén cocidas, añadir el jitomate. Licuar y regresar al fuego; agregar la pulpa de jaiba y el caldo de pescado. Debe quedar un relleno espeso pero jugoso.

Para preparar la salsa bechamel: Añadir al preparado que ya venden en sobre los hongos picados y cocinados en aceite de oliva.

Ensalada de Codorniz Caramelizada

ingredientes

Para 2 personas

6 codornices
6 espárragos trigueros
10 cucharadas de salsa de soya
4 hojas de lechuga romana,
finamente picadas
1 cucharada de jugo de naranja
harina de trigo

Para la vinagreta
3 cucharadas de aceite de oliva
1 cucharada de vinagre de jerez
sal y pimienta

modo de prepararse

Separar las patas de las pechugas de la codorniz; apretar por los dos lados del hueso las patas para que se forme una bola con la carne; cortar el hueso restante.
Salpimentar y enharinar la piezas; freír en abundante aceite hasta que queden crujientes.
Pelar los espárragos para formar tiritas; salpimentarlas, enharinarlas y freírlas.
En una sartén al fuego, verter la salsa de soya con el jugo de naranja; dejar reducir un poco más de la mitad.
Para servir, colocar una montañita de lechuga; aliñar con la vinagreta. A un costado, disponer una cama con las tiritas de espárragos fritas y, sobre éstas, montar las piezas de codorniz fritas, adornadas con un hilo de la salsa de soya.

Para preparar la vinagreta: Batir enérgicamente el aceite y el vinagre con un poco de sal y pimienta hasta que se obtenga una mezcla homogénea.

Trufas para Mamá

Rollitos de Lenguado Rellenas de Callo de Hacha a la Sidra

ingredientes

Para 2 personas

2 lenguados grandes en filetes, sin piel ni espinas
8 callos de hacha
sal y pimienta
aceite de oliva
harina de trigo

Para la salsa
1/2 cebolla, finamente picada
40 gramos de harina de trigo
1 copa de sidra natural, no gasificada
1/2 taza de caldo de pescado

Para la guarnición
ejotes
aceite de oliva
ajo

modo de prepararse

Enrollar los filetes alrededor de los callos de hacha; sujetar con un palillo. Salpimentar y enharinar el pescado; freír hasta que tome color y esté medio cocido.
Pasar los filetes a la salsa y hervir hasta concluir su cocción.
Servir acompañado de ejotes salteados con ajo.

Para preparar la salsa: En una cacerola con un poco de aceite, acitronar la cebolla; añadir la harina y dejar cocinar cuatro minutos; incorporar la sidra y hervir para que saque todo el gusto a alcohol. Añadir el caldo de pescado y continuar cociendo unos minutos hasta obtener una salsa ligera pero ligada.

Para la guarnición: Cocer los ejotes y luego saltearlos en una sartén con un poco de aceite y ajo hasta que adquieran un color tostado.

Bien, tarde de tormenta, no tienes nada que hacer, y te reco-
mendaron rentar una película que "está sensacional".

Pasas por el videocentro y como complemento compras el típi-
co helado de medio litro de chocolate (la mejor receta para las
películas de horror e intriga).

Terminas de arreglarte, con tus *pants* holgados de fin de semana, la playera medio rota que es tu favorita, y te dispones a
preparar toda una serie de botanas para ver la peli en el sofá.

Parte importante de una cena de este tipo es tener cerca la cobija y asegurarte de que nadie te moleste por el teléfono.

Espero que no se vaya la luz en la mitad de la historia ya que te
puedes morir de miedo.

de película

Empanadas de Jamón York y Aceitunas

ingredientes

Para 15 piezas

2 huevos duros, picados
40 gramos de aceitunas rellenas, picadas
100 gramos de jamón York, picado
30 gramos de queso cheddar, rallado
15 láminas de masa de hojaldre
1 yema de huevo, batida

modo de prepararse

En un bol, mezclar los huevos duros con las aceitunas, el jamón y el queso.
Cortar discos de 10 centímetros de las láminas de hojaldre; en su centro, colocar una cucharada de la preparación.
Doblar el disco y presionar los bordes para que se cierren.
Barnizar con la yema de huevo y hornear hasta que se doren.

Queso Rebozado

Para 12 piezas

250 gramos de queso tipo manchego,
en rebanadas de 1 centímetro
2 cucharadas de harina de trigo
1/2 cucharada de orégano seco
1/2 limón, en rodajas
pan de caja, tostado

modo de prepararse

Enharinar las rebanadas de queso.
En una sartén con aceite bien caliente, freír el
queso por los dos lados hasta que quede dorado.
Ya fuera del fuego, espolvorear con orégano y
servir con rodajas de limón y tostadas de pan.

Sandwich de Pollo y Nueces

ingredientes

Para 30 unidades

aceite vegetal
250 gramos de pechuga de pollo
500 gramos de muslo de pollo
250 gramos de mayonesa
1 rama de apio, finamente picado
nueces picadas
pan de caja

modo de prepararse

Freír las piezas de pollo; dejar enfriar y picar muy fino;
incorporar la mayonesa, el apio y las nueces.
Untar este preparado en el pan, retirarle la corteza y
partirlo a la mitad.

Triángulos de Pavo y Brie

ingredientes

Para 16 unidades

8 rebanadas de pan de caja,
sin corteza y cortadas en diagonal
salsa de arándanos
120 gramos de pechuga de pavo
120 gramos de queso brie
hojas de lechuga iceberg

modo de prepararse

Untar los triángulos de pan con salsa de arándanos; poner una rebanada de pavo, otra de queso y la lechuga; cubrir con otra tapa de pan, haciendo un sandwich.

— ¡Ok!! ¡Matador, que faena!!!! (por lo menos eso piensa uno). Y nadie que nos lo diga...

Mónica todavía yace con su cuerpo relajado sobre el tuyo, te toma por le pelo con ambas manos y te besa sin piedad; tú sigues en esa nube rosa como queriendo repetir el momento, pero por más intentos de técnicas orientales tu cuerpo necesita (al igual que el de ella) ¡¡algo de comida!!!

— ¿Mónica?

— ¿Qué, mi amor?

— ¿Se te antoja un monchis?

— ¿En qué estás pensando?

Una pequeña sonrisa se dibuja en tu rostro y aunque sí estás pensando en el segundo, también tienes muchísima hambre.

— Déjame ver que hay.

Medio desencuadrado caminas hasta el refri, lo abres y te decepcionas al percatarte que los pedacitos de pizza que pretendías calentar en el micro se los comió la muchacha que te limpió el depa por la tarde. Estás metido en un gran problema, y no hay Dios que te lleve algo de comida a tu casa a las 4 am. Entonces te llega la iluminación y te acuerdas que el otro día compraste un librito de un chef que te puede servir. Lo encuentras y te das cuenta que tienes los ingredientes para salvar el evento, para salir del trance pues...

A Mónica le encanta y tú... tienes asegurado el segundo *round*.

¡¡¡Bravo matador!!!!!!!!!!!!!

monchis *after...*

Tostadas de Salmón Ahumado y Alcaparras

ingredientes

pan de barra en rodajas delgadas
queso crema
unas gotas de limón
cebollín picado
rebanadas de salmón
alcaparras picadas

modo de prepararse

Tostar las rodajas de pan por los dos lados
Mezclar el queso con unas gotas de limón y cebollín.
Untar el pan con esta mezcla y, encima, colocar la rebanada
de salmón adornada con las alcaparras.

Tostadas de Arúgula y Feta

ingredientes

pan de barra en rodajas
aceite de oliva
hojas de arúgula
queso feta
ralladura de naranja

modo de prepararse

Untar las rodajas de pan con aceite de oliva y tostar.
Cubrir con un poco de arúgula.
Mezclar el queso feta, un poco de ralladura de naranja y
aceite de oliva, y poner una cucharadita de la preparación
encima de la arúgula.

Tostadas de Jitomate y Albahaca

ingredientes

pan de barra en rodajas delgadas
1 jitomate maduro, en cuadritos
hojas de albahaca fresca
aceite de oliva

modo de prepararse

Tostar las rodajas de pan. Cubrir con el jitomate, mezclado
con hojas de albahaca fresca y aceite de oliva.

Tostadas de Pastrami y Hierbas

ingredientes

pan de barra en rodajas delgadas
crema fraiche
perejil
cebollín
albahaca
pastrami, rebanado muy fino
jitomate (opcional)
vinagre balsámico (opcional)

modo de prepararse

Tostar las rodajas de pan.
Mezclar crema fraiche, perejil, cebollín y albahaca. Untar las tostadas
con esta preparación.
Colocar encima el pastrami y doblar por la mitad.
Si se desea, puede añadírsele cuadritos de jitomate con vinagre
balsámico.

TAMBIÉN DISPONIBLE

¿Y AHORA QUÉ HAGO? ella

¿Y AHORA QUÉ HAGO? él

se terminó de imprimir en Singapur en el mes
de noviembre de 2003.